早回しで成長する人のセオリー

抜擢される人の人脈力

株式会社プロノバ
岡島悦子

東洋経済新報社

はじめに

活躍できる人、できない人の差は「抜擢」

若くして脚光を浴びるような仕事をして、成功を収める人が増えています。

しかも万人が認める天才ではなく、大学のゼミで隣に座っていた同級生が、しばらくぶりに会ったら驚くほど大きな仕事をしていた……。

そんな経験が皆さんにもあるのではないでしょうか。

確かに、「あいつは運がいいな」とか「なぜあの人にばかりチャンスがまわってくるのか」という人が存在します。

成功を収めた人によく聞いてみると「自分でもよくわからないが、なぜか抜擢をされるチャンスが到来し、そこで実績を作れたお陰で次のチャンスに恵まれた」という人がほとんどです。

意欲と能力がある人が、自分の能力を最大限に活かせるような機会、それも今の仕事の延長線上にはない非連続の飛び地にあるような機会を与えられることが「抜擢」です。

現在のような変化の速い時代に、個人の市場価値を高めるキーワードは「**抜擢される機会を創出する力**」ではないか、と私は思います。

「抜擢の機会」を得た人は、未経験の経験をして成長し、実績を作っていきます。スポーツ選手で言えば「試合に出て」「結果を残す」ということです。練習することは重要ですが、試合に出て勝つことが目的であれば、まず試合に出る機会を得なければなりません。そこで結果を出すことが、次の試合の機会へとまたつながっていくのです。

ビジネスにおいても「抜擢された人」は、結果を出す機会に恵まれ、次の活躍の機会を獲得しやすくなっていきます。しかも、抜擢を呼び込む良い循環のできた人には、どんどん活躍の機会が舞い込むようになっていきます。こうして、はじめは同じくらいの能力と意欲であったとしても、「抜擢された人」と「されない人」の間には、**実績という名の大きな開き**ができていくのです。

「抜擢」を運任せにせず、呼び込む方法

だとすれば、「抜擢される機会」を運に任せて待っているのではなく、もっと**戦略的に「抜擢」を呼び込む努力**をするべきではないでしょうか。

その努力とは、**能力開発**と**人脈構築**です。

能力開発についていては、多くの良書が出版されていますので、そちらに譲ることとし、本書では、「抜擢を戦略的に引き寄せるための人脈構築」の方法をご紹介していきます。

人脈構築というと、コネを使って要領よく生きること、少ない労力で効率よく生きること（効率性、生産性）を目的に行うもの、と誤解される方もいらっしゃることでしょう。

しかしながら、**本書で言う人脈構築とは、意欲と能力のある人が、自分の力を最大限に活かせるような機会を獲得することを目的に行うもの**と定義しています。従って本書は、少ない努力で楽に生きたい人向けではなく、努力をしてでもチャンスを手にして成長したい人向けの内容となっています。

また、本書で言う「抜擢」とは、大企業で社長を目指し、エリートコースを要領よく駆け上がっていく「社内政治を生き抜く方法」や「社内市場価値向上法」の意味ではありません。

そうではなく、30代などキャリアの早めの段階で「活躍の機会（抜擢）」を獲得し、それをきっかけに実績を積み上げ、その実績がさらに多くの新たな「活躍の機会」を呼び込み、実績が積み上がって社外市場価値が高まり、自分で仕事を選べるようになり、自己実現しやすくなる、という一連のプロセスの起点となるような「抜擢」を意味しています。

従って、本書は「自分の意欲と能力を最大限に活かせるような機会」を渇望している人を読者対象としています。

なぜ今、企業は「抜擢」をするのか？

変化の時代には、従来の既定路線とは違うことが求められるケースが多くなります。実は今、**企業側にも「抜擢」をする必然性が増加している**のです。

私は過去7年間、ヘッドハンターとして仕事をしてきました。現在は株式会社プロノバ（プロの場、の意味）というサーチ・ファーム（経営人材紹介コンサルティング会社）を経営し、ヘッドハンターとして約1000人の「経営のプロ」と仕事をさせていただいています。

ヘッドハンティングの現場は、あまり馴染みのない方も多いかもしれませんが、経営者探しや経営チームの組成を手掛けるため、時代の半歩先が見える仕事でもあります。

企業は、新しい課題解決を本格稼働する前に、人的資源の調達を検討し始めることが多く、新規事業、投資、M&A、事業継承、海外進出、日本参入などが実際に動きだす前に、私達が経営者や株主からご相談を受けます。そして、ある程度の数のご相談にのっていると、現在多くの企業に共通する経営課題が何か、特定の業界動向がどうなっているかがわかるようになります。ですから、時代の半歩先のトレンドを読み解くことができる仕事と言えるのです。

最近で言えば、オーナー経営者からの事業継承（次世代の経営者選抜）、プライベートエクイティファンド（PEファンド）の投資先の再生、成長停滞企業のブレークスルー戦略構築や新規事業への参入、業界を跨いだ合従連衡、ベンチャー企業の組織成熟化、中小企業のグローバル化等々の経営課題に関するご相談が、ますます増えています。

そして、これらの課題解決を担う経営者探し、もしくは経営チームの組成を支援するのが、私の仕事です。時には、内部昇格人事のお手伝いをすることもあります。

そしてお気づきのとおり、これらの経営課題は、**「今までどおりのやり方の延長」では、うまく解決できないもの**ばかりです。すなわち、**「順送り人事」**ではうまくいきません。こうした課題を解決するには、過去の成功体験と決別できる人材、変革をもたらす**異能の人材**が必要なのです。

既成概念にとらわれないというキーワードを軸に、社外の人、他業界の人、外国人、あるいは、内部昇格だとしても、畑違いの人、若手人材などの中から、「抜擢人事」が行われるようになってきています。そしてこの傾向は、ますます加速しています。

産業再生機構傘下で、異業種出身の経営者である小城武彦氏（産業再生機構出身、元経済産業省官僚、元ツタヤオンライン社長）がカネボウ本体（現クラシエ）の社長に抜擢され、当時41歳の知識賢治氏がカネボウ化粧品の社長として内部昇格で抜擢されたのも、この一例でしょう。

また、ローソン社長の新浪剛史氏は、ローソンの株主となった三菱商事の内部から抜擢されました。社長経験は他業界（日仏合弁の大手給食会社）のみで、一部上場企業としては異例の当時43歳という若さでの抜擢です。変革を促進するための「抜擢人事」として、非常にわかりやすい事例ではないかと思います。

抜擢される人の共通点「戦略的人脈構築」

私が一緒に仕事をさせていただいている1000人ほどの「経営のプロ」の方々は、40代で経営の最前線で活躍されている方がほとんどです。世間一般的に言うと「**早回しで成長の機会を得られた**」方々とも言えます。

こうした方々に、早回しで成長できたきっかけや、成功への経緯などを伺うと、必ずと言っていいほど「**抜擢される機会に恵まれた**」というキーワードが出てきます。

過去に抜擢される「転機」があり、そこで未経験のことを経験させてもらい、成果を上げることができた結果、自分自身も成長して今につながっている、と言うのです。

ここでの転機とは、「社長に大抜擢」という大規模なレベルではなく、たとえば、30代で「新規事業のプロジェクト責任者に抜擢された」といったものです。社内抜擢に限らず、社外から抜擢のお声が掛かるケースもあるようです。

ところが、なぜ「抜擢されたのですか」という問いに対しては、大抵の方は「いや〜、偶然ですよ」と照れながらお話しされます。しかしながら、多くの事例を伺っていると、抜擢は「偶然」ではなく、「必然」である、と思わせる共通の要素が浮かび上がってきます。

「抜擢される人」には、「抜擢される理由《わけ》」があるのです。

そこには、**抜擢されるための能力開発と人脈構築を「戦略的」に行ってきている、**という共通の要素があるのです。

抜擢されるための能力開発とは、声を掛けられる「いざっ」という時に備え、経営知識を学んだり、経営スキルを磨いたりする、ということです。この能力開発には血道をあげている、いわゆる「勉強好き」な人は多いようです。一方、「いざっ」という時に、自分を想起してもらえるようにと「抜擢されるための人脈構築」を「戦略的」に実行している人は、意外に少ないのです。

「抜擢される人」は、単にラッキーなだけではなく、**「ラッキーなことがまわってくる確率が高くなるような種蒔き」を「戦略的」に行っている**のです。

抜擢される人たちは、たとえ未経験の分野でも、「彼なら貢献できそうだ」というポテンシャル（潜在能力）を感じてもらうための「仕込み（信用構築）」をしています。だからこそ、ある意味で周囲から「買いかぶって」もらい、背伸びをするようなチャンス（英語では、ストレッチ・アサインメントと言う）を与えてもらっているのです。

誰もが可能な人脈構築法「人脈スパイラル・モデル」

三菱商事、ハーバードMBA、マッキンゼー、グロービス、と強力な人的ネットワークを持つ組織に属してきたことは、私の人脈構築に大きく影響しており、大変感謝しています。また、天性の人好きという性格と、人に関する記憶力だけは周囲に誇れる（数字の記憶はさっぱりダメなのですが）と思っており、この点も私の人脈構築に大いにプラスになっています。

マッキンゼーの卒業生は、よく「マッキンゼー・マフィア」などと言われていますが、こうした卒業・退職した後も活発な活動が行われる「○○マフィア」と呼ばれるような組織に属していなければ、強固な人脈はできないものでしょうか。

また、私のような天性の人好きでないと、人脈は構築できないものでしょうか。

私は、「経営のプロ」の方々とのおつきあいの中から、正しいプロセスで努力さえすれば、経歴や資質にかかわらず、誰でも「その人にとって最適な人脈」「抜擢されるための人脈」が構築可能だと確信しました。

本書は、今までブラックボックスとなっていた、こうした**「抜擢される人」**の**「水面下での取り組み（人脈構築の努力）」**の**共通項**を抽出し、それを**誰もが再現可能**なプロセスへ落とし込む、ということを試みたものです。

転職や抜擢の機会における私自身の経験と、「経営のプロ」の方たちの豊富な事例を参考にしながら、人脈形成のための共通手法を抽出していったところ「**人脈スパイラル・モデル**」というフレームワークを構築することができました。

このフレームワークは、人脈構築の具体的なステップ論を解明したモデルです。本編で詳細な説明をさせていただきますが、全体としては、次のようなステップになっています。

【「人脈スパイラル・モデル」五つのステップ】

①自分にタグをつける（自分が何屋なのか訴求ポイントをはっきりさせる）
②コンテンツを作る（「お、こいつは」と思わせる実績事例を作る）
③仲間を広げる（コンテンツを試しあい、お互いに切磋琢磨して、次のステップを共創する）
④自分情報を流通させる（何かの時に自分のことを思い出してもらうよう、種を蒔く）
⑤チャンスを積極的に取りに行く（実力以上のことに挑戦し、人脈レイヤーを上げる）

あなたと話をした人が、思わず他人に話したくなるようなキーワード（タグ）を考え、そのキーワードを立証するような実績事例（コンテンツ）を作り、仲間という人脈の中でそのタグやコンテンツの伝わりやすさを検証し、仲間以外の人に向けてもタグやコンテンツを流通させ、抜擢の機会を呼び込む、というプロセスです。

この①から⑤のステップの順番に実践をしていけば、誰にでも、その人にとって最適な人脈ができる、というモデルです。留意していただきたいのは、五つの項目はこの順序が重要であり、一つずつのステップを積み上げていくことが必要だという点です。

「効果的な人脈構築は1日にしてならず。されど、誰もが実践できる方法はここにあり」という汎用性の高いモデルです。「○○マフィア」と言われるようなネットワーキング効果の高い組織に属していない方も、年齢の若い方も、どなたでも今からすぐに着手できます。本書の第2部で、ステップごとの詳細な実践方法をご紹介しますので、ご自分のビジネスライフステージに合わせ、参考にしていただければ幸いです。

人脈レイヤーを上げる

このモデルのもう一つの重要な要素となっているのは、**「人脈レイヤー」**という概念です。人脈スパイラル・モデルを一周りするごとに「人脈レイヤー」が上がり、自分の能力も、付き合う人（人脈）のレベルも、活躍するステージのレベルも、**「スパイラル（らせん状）」**に昇華していく、というダイナミックなモデルになっています。

人脈スパイラル・モデルのステップ①～④で人脈を構築し、その結果、その人脈から抜擢されてステップ⑤の機会を獲得し、そこで実績を積むことによって「ぐいっ」と目線が上がり、「一つ上の人脈レイヤー」に押し上げられることになるのです。**一つ上の人脈レイヤーに上がると、活躍のステージも、自分の付き合う人脈の質も「ぐいっ」と上がります。**

また、自分の目線が上がると同時に、付き合う人のレベル感も上がるわけですから、同じ人脈レイヤーにいる仲間を鏡のように手本として見ることによって、新たに自分に不足している**能力開発のニーズ（Development Needs）**に気づくことができます。新しく自分の周囲にいる人々を見回してみたら、「まじめな議論をすると、みんな意外に次元の高いことを考えている」とか「みんな意外に古典に対する見識がある」「実はファイナンスをよく勉強している」といったような、自分だけが取り残されているような「ひやっとする」感覚を持つのです。

そして2周目の人脈レイヤーにおいても、さらなる能力開発をしながら、そのレイヤーの人脈の中で貢献ができるよう1周目同様の努力を実行していくのです。そうすると周囲の人脈から機会をもらうことも増えますし、3周目以上の上位レイヤーとのアクセスも増え、さらに上位のレイヤーから抜擢される機会も各段に増えるのです。

このように人脈構築と能力開発の両輪を伸ばす努力を繰り返すことによって、人脈レイヤーが次々と上がり、それと同時に「抜擢の機会」が巡ってくる頻度・質の高さ・多様さもが、増していくのです。

たとえば私の場合、体感的には今現在、4周目の人脈レイヤーに入ったばかりだと思っています。まだまだ未熟なことも多く、修行は続きます。ですが、人脈レイヤーが上がるごとに、「見える世界」の広さは圧倒的に変わってきており、与えていただける「抜擢の機会」の豊富さと種類の多様さに、ひたすら感謝している次第です。

このモデルのステップごとの具体的な手順やエピソードについては、第2部の各ステップに、私自身が抜擢された際の体験談的な視点と、ヘッドハンターとして介在した際に拝見した第三者的な視点の双方から記載させていただきます。

自らの力で「活躍」と「成長」の機会を引き寄せる

本書では、人脈スパイラル・モデルを中心に、「抜擢」されるための「戦略的人脈構築法」の具体的な手法をご紹介していきます。第1部では理論編として、私のハーバード・ビジネス・スクールの留学経験を通して人脈スパイラル・モデル誕生の経緯をご紹介します。あわせて、人脈を取り巻く世界的なビジネス環境の変化と将来仮説についても考察します。

第2部では実践編として人脈スパイラル・モデルの具体的な構築方法を五つのステップに沿ってご紹介します。そして最後の第3部では、人脈構築の本当の目的を明らかにしていきます。**人脈は、経済的成功や社会的成功を手に入れるために構築するのではなく、楽しく仕事をし、自分らしくイキイキと生きるために構築するものである**ということを、ご理解いただけるでしょう。

本書ではこれから「人脈」について、いろいろご紹介していくわけですが、私自身も、まだまだ未熟で、人脈スパイラル上昇中の過程にあり、経験途上のことも沢山あります。

たとえば、私は昨年、ダボス会議のYoung Global Leadersに世界の250人の1人として選出していただきましたが、ダボス会議関連の国際会議に出席するたびに、「グローバルな舞台で活躍するためのスキルも人脈も未熟だなぁ」と痛感しています。

幸いなことに、私の周囲には「人脈構築の達人」と私が尊敬するメンター的な方々がたくさんおられます。皆さん、持ち味も人脈の達人としての武器も違うので、折に触れ、いろいろなことを教えていただいたり、まねさせていただいたりしています。人脈スパイラル・モデルには、こうした達人の教えも盛り込ませていただいています。

人脈スパイラル・モデルは、まだまだ構築中のベータ版です。今後も私自身の経験や周囲の事例を拝見しながら、常に改良し、進化させていくべきだと思っていますので、永遠に改良し続けるベータ版であることが望ましいとも思っています。

変化の激しい時代、自ら動かない者には果実が与えられない時代になってきました。だとすれば「**良いポジションを与えられるかもしれない機会**」「**成長できる機会**」**を運頼みにせず、もっと積極的に、戦略的に、それらを引き寄せる努力をすべきではないでしょうか。**

人脈スパイラル・モデルを参考にしていただき、実際に「抜擢の機会」を得て、能力を開花させ、実績を積み重ねる人が増えれば、常日頃「『活躍の機会』を創り出す触媒（カタリスト）でありたい」と思いながら日々仕事をしている私にとって、本当にうれしく思う次第です。

また本書を読んでいただくことで、成長と成功の機会を手に入れ、充実感を得られるような仕事を選べるようになり、より自分らしく生き方を実現できる人が一人でも増えるならば、著者としてこれに勝る喜びはありません。

目次

第2章 人脈のパラダイム・シフトに伴う戦略的人脈構築の必要性

第2部 人脈スパイラルと人脈レイヤー
——抜擢される人の戦略的人脈構築モデル

STEP I 自分にタグをつける

STEP 2 コンテンツを作る――127

STEP 3 仲間を広げる

STEP 4

自分情報を流通させる ―― 189

STEP 5

チャンスを積極的に取りに行く ―― 209

第3部

人脈スパイラルの先には何があるのか？——戦略的人脈構築の本当の目的

カバーデザイン　渡邊民人（TYPEFACE）
本文デザイン　中川由紀子（TYPEFACE）
編集協力　ブリッジワークス

第 I 部

なぜ今、「人脈」なのか？

——人脈の重要性再考と将来仮説

第1部では、マクロ環境の変化を踏まえ、「今、なぜ人脈が重視されるのか?」をご説明します。また、人脈スパイラル・モデルのバックボーンとも言える私のハーバード・ビジネス・スクールにおける留学体験をご紹介します。

この第1部を読むことで、実践編とも言える第2部の理解が、格段に深まることになるでしょう。

第I章

ハーバードで学んだ人脈の哲学と人脈スパイラル・モデル

私の「人脈観」を変えたハーバードでの経験

私は今、多くの企業経営者や株主、若い幹部候補の方とお会いする機会を得ています。人脈は自分にとっての強みであり、大きな財産となっていると強く感じています。

しかしながら、かつての私は、いわゆる「人脈」を今ほど重視していませんでした。どちらかと言えば、人脈よりも、「プロと言われる人材になりたい」「熾烈な競争の中で自分を試したい」といった「自分の能力や資質を高めたい」という気持ちが強くありました。

そして「**プロと言われる人材になれば、人脈は後からついてくる**」と思っていたのです。

人脈は、プロとなった自分が「より仕事をしやすくなる」ためには重要になるだろう、とは思っていましたが、「プロとなる過程に人脈を活かそう」という発想は、恥ずかしながらあまり持っていなかったのです。

そんな私の「人脈」に対する考え方を変えたのは、ハーバード・ビジネス・スクール（以下、ハーバード）への留学でした。特に、ハーバード入学と同時に経験した、スタディグループ形成での経験でした。

この章では、私の人脈観はなぜ変わったのか、私自身が「人脈の価値」をどう考えるようになったのか、そして「戦略的に人脈を構築する方法」である「人脈スパイラル・モデル」を考えるに至った原体験や背景は何だったのかを、ハーバードでの私の体験を通じてご紹介します。この具体的な体験事例を読んでいただくことで、「抜擢されるために必要な人脈構築とは何か」「戦略的に人脈構築を行うとはどういうことなのか」を感じていただければと思います。

ハーバードでは、すべての授業がケーススタディで形成されています。30ページ近くあるケースを読み、分析し、解決策の具体的なアクションプランを作成して、クラスに臨むことが求められます。これを1週間に13クラス分こなさなければならないので、膨大な量の予習をすることが必要です。

また、成績の半分がクラスでの発言点で決まってしまい、一定の成績基準に満たなければ退学させられてしまうという厳格なルールがあります。従って、クラスの準備を怠るわけにはいきません。

このクラスの準備を少しでも効率的に行おう、ということで自主的に形成されるのが、スタディグループと呼ばれる、予習のための自主的な勉強会です。スタディグループに入ることは義務でもなく、学校側も何も関与していませんが、1年生時には、ほとんどの人が5人程度のスタディグループを自ら組むことになります。完全な自由競争市場です。

スタディグループは、時間をかけながら少しずつ形成されていきます。

まず1学年全員（私の時は880人）が一堂に会して「誰と組むか」をショッピングする期間があります。100人ずつくらいに分かれて、一人ひとりが30秒ずつ、自己紹介をしていくのですが、名前を言って終わりだと誰も何も覚えてくれません。そこで「ああ、この人は自分と違う経験やスキルを持っているな」とか「友達になっておかなければ損だな」と、相手に予感させる、印象に残るメッセージを与えなければならないのです。

しかも、スタディグループに入った後が大変です。本当に忙しいスケジュールを強いられる中、皆必死で準備をして貢献しようとしているのですから、グループメンバー同士が、同レベルの貢献をしているのか、フリーライダーはいないのか、といったことを真剣に話し合います。少しでも不公平だと思えば、「あいつはバリュー（付加価値）を出していない」とか「まあ、最終的には声を掛けなくてもいいかな」と、キックアウトされてしまいます。「**Commit or Die（貢献せよ、さもなければ去れ）**」の世界です。

そして多くの学生が、このスタディグループを運命共同体と認識しています。一緒に学び討議する機会が多いため、相手の志向・資質や自分との相性を深く知ることができ、後々、起業する際のビジネスパートナーの基盤となっていることもあるほどです。従って、「この人は何ができるのか」「どれだけグループに貢献する気があるのか」「どんな可能性を秘めているか」を、お互いにシビアに観察しているのです。

まだ授業は始まったばかりですから、成績は明らかになっておらず、メンバー選びの基準は当然、成績ではありません。実際にディスカッションやビジネスの話、雑談を通して相手を理解していくのですが、共通言語で討議できるのか、自分と補完関係のあるスキルや経験を持っているのか、などが判断基準となります。

ここで大切なのが、**ポジション（立ち位置）を明確にしながら、自分のユニークさ（特別さ）を提示し、グループへの貢献度をメンバーに上手にアピールしていくこと**です。たとえば、経営知識や分析力に加え、他の人の持っていない経験や視点をグループに反映させられるのか、といった点です。

スシ・パーティで私が探していたもの

しかし最初のうち、私はこれが上手にできませんでした。

1998年当時の日本はGNPこそ第2位でしたが、それを牽引する日本企業は、一時期の勢いを失い、世界中から注目を集める時代ではなくなっていました。「日本から来た人」という看板だけでは、勝負できなかったのです。

　そこで私は、「**相手は私の何を『貢献』と見なすのかを探す**」という作戦に出ることにしました。クラスの中で積極的に発言して反応を見るだけではなく、たとえば家でスシ・パーティを開き、日本文化に興味を持ってもらうことを糸口に会話をし、友人たちが「日本のどの部分」に興味を持っているのかを探る、ということをしてみたわけです。

「己を知るには、相手を知る」といったところです。まあ、そう言うと少しだけかっこよく聞こえますが、「スタディグループに入れてもらえなければ死活問題」というくらいに思い込んでいた私にとっては、かなり捨て身の作戦でした。

　蛇足になりますが、私は困った時にはいつも「敵を押さえるには、まず胃袋を押さえろ」という母の教えを信じて実行しています。この時も、おいしい手巻き寿司を食べさせ、胸襟を開いてもらって話を引き出そう、と思っていました。

　ともあれ、試行錯誤の結果、たとえば「私は三菱商事の中で、一番高いマネジメント・レベルの女性である」といった「**タグ**」は、相手にとってキャッチーだ、ということがわかってきました。タグとは、もともと荷札や値札のことを指しますが、本書では、自分の訴求ポイントを示すキーワードのことを指しています。三菱商事に、同期女性総合職2人のうちの1人として入社し、人よりも早い昇進をしていた私ですが、アメリカ人にとっては、「1万人規模の日本を代表するような会社において、32歳（しかも実年齢よりも、もう少し若いと思われていたらしい）のメイ（ハーバードでの私の愛称）が一番偉い女性というのは、どういうことなのだろう？」と思ってくれたようです。

「日本企業の多様性への取り組み」や「日本企業のガバナンスの仕組み」などについても、さまざまな質問をしてもらい、「こいつは意外に、多様な経験をしてきているし、洞察も持っているらしい」と認めてもらう「きっかけ」となったのです。

私にとっては「えっ、そんなことが刺さるの？」という感じです。ここでの発見は、**自分視点で考えてばかりいても、自分の特殊性はわからない**ということ。ある程度の仮説を持っていくつかのネタをぶつけてみた上で、相手の関心事を探り、自分の貢献ポイントを探し当てる、というアプローチが有効なのです。

「抜擢」「推薦」が生まれはじめた！

その後も、授業以外でも、学校行事やイベント委員など、「自分が何に貢献できそうか」という視点で、他の人にはできないことなどを率先してやっていると、プロジェクトへの誘いや、ビジネスプランのアジア戦略について意見を聞かせてほしいなど、さまざまな声が掛かるようになりました。それに従って、自分の中にも、何種類もの「タグ」のストックができ、相手の属性に合わせて使いわけられるようになっていったのです。

興味深いのは、**いつの間にか「タグ」が独り歩きする**、という点です。たとえば「インキュベーター（ベンチャー企業の起業家支援をする会社）についての事例研究のメンバー集めに声をかけてもらったので、呼んでくれた理由を聞くと、『『メイは日本のベンチャーキャピタルに知見がある』、と友人が言っていたのを聞いたので」、というのです。

友人が私の「タグ」を使って推薦をしてくれたため、仲間に入るきっかけが生まれた、ということです。そして、ここで事例研究をやった仲間が、また別の機会に推薦してくれるようになるという「抜擢のグッドサイクル」が、しっかりと回っていくことになりました。多様な人が集まるコミュニティの中で「キャラ立ち」をするためには、自分はどのような「タグ」をつけると一番差別化できるのかを考え、そして、他人が「思わず誰かに話したくなるようなタグ」を作ることができれば、タグは独り歩きしてくれるのです。

重要なことは、**相手が認めるような貢献ポイントを見つけてアピールする**、すなわち、**自ら機会を創り出す**ということです。

この作業は、他の誰も代替してくれません。そして、機会をもらったら徹底的に貢献することによって、仲間、つまり人脈の一員として認めてもらうことができるのです。

まずは人脈のインナーサークルにしっかりと入りこむ必要性があります。貢献する姿勢で臨み続けることが重要ですが、一度、人脈内に入り込んでしまえば、「仲間うち」と認識され、機会の提供も、助け合いも起こるのです。

私の場合も、やがて、クラスで発言する時にうまい英語の表現を思いつかないでいると、「先生、メイが言いたいのはこういうことだと思うよ」と、クラスメートが補足してくれるようにさえなっていったのです。

ハーバードで繰り広げられる人脈の「構築」「活用」「共創」

ビジネス・スクールというのは、非常に特殊なコミュニティです。2年間という有限な時間の中、初日から横一線で人間関係の構築が始まります。大学時代の友人、元同僚などがクラスメートの中にいる人も多いですが、それでも企業の看板や職位に関係なく、皆平等な状態から、一個人としての人脈構築がスタートするのです。

もちろん、卒業後も強い絆で結ばれていく人脈の価値を皆が認識しているわけですから、非常に積極的なネットワーキング活動が行われていきます。

今思えば、外国人である私たち留学生よりも、実はアメリカ人の方が差別化は難しく、人脈構築競争は熾烈だったのかもしれません。ハーバードは、オリンピックのメダリスト、ERドクター、トップガンのパイロット、有名なNPOの代表など、まったく違う領域で一流のリーダーシップを発揮してきた経歴のある人がひしめく学校です。戦略コンサルティング・ファームやウォール街出身者などはごろごろいるわけで、かえって彼らのほうがその中で特長を出すのが難しい、といったこともあったのかもしれません。

また、アメリカ人といっても、社交的な人ばかりではありません。スーパーエンジニアのようなギークと言われる人の中には、人づきあいが苦手な人もいます。それでも皆、将来価値も含めたハーバードでの人脈の価値の重要性を認識していますから、意識的に「戦略的な人脈構築」を行っています。

もちろん、アメリカ人の中には、「人脈構築の天才」もいます。たとえば私の友人のセリーナは、私たち同期880人の中でも知らない人がいないくらいの「人脈女王」でした。とにかく、属しておくべきコミュニティかどうかの判断の嗅覚が恐ろしいほど鋭く、さまざまなタグを自由に操り、印象に残るようなプレゼンを上品にできるのです。

私も「どう貢献すべきか」「自分をどうブランディングすべきか」ということを、ずいぶんと彼女に教えてもらいましたし、推薦もたくさんしてもらい、彼女のおかげでどれだけハーバード生活が楽になったことかと、とても感謝しています。セリーナは、卒業後はホワイトハウスで、コリン・パウエル氏のチームで活躍し（さすがです）、今は大学教授をしています。

また、学校には、さまざまな機会に、ウォーレン・バフェット、マイケル・デル、アンディー・グローブ、といった有名人がスピーカーとして来てくれました。自社の採用目的で来校する経営者もいますが、多くの場合、学生たちが、自分や教授の人脈を駆使して交渉し、来校してもらうのです。こうした活動もコミュニティへの大きな貢献として認められます。

このように、**自分の人脈を人と共有しあうことによって、お互いの人脈をより強固なものにしていく**といった「**人脈共創**」も、ハーバードでは実は意識的に行われているのです。

アメリカのビジネスパーソンに学ぶ「購買支援」の発想

アメリカ人のマネばかりをする必要はないのですが、アメリカは多民族国家であるせいか、「説明しないと、自分のことは相手にはわかってもらえない」という暗黙の前提があり、**アカウンタビリティ（説明責任）**が問われます。

また、ある事象に対して自分を売り込む際にも、「私はこれができます」という「自分目線」ではなく、「その事象に対し、自分はどのような貢献ができるか＝あなたから見てもオトクでしょ」という**「相手目線」の説明**をすることが、習慣づけられている人が多いようです。

販売促進型の自分売り込みではなく、相手が自分を推薦しやすいようにプレゼンするという**「購買支援型」のモデル**です。

アメリカのビジネスパーソンには、若い頃から、相手目線のキャッチコピーを考え、**「自ら機会を創り出すための努力をする」という人脈作りの習慣**が根付いているのです。

ハーバードで私は、この手の「機会創り」の天才たちの技を目の当たりにして初めて、「自ら機会を創り出す」ことの重要性を本当の意味で実感し、具体的な手法・手順を身につけることができたと思っています。

アメリカと日本は違うのではないか、と思われる方もいらっしゃるでしょう。

確かに、私がハーバードで出会った人の中には、日本人にとっては「やりすぎなのでは」と思えるような作為的な人脈構築をしている人もいたことは事実です。しかしながら、アメリカにおいても、あまりに魂胆が見え見えなネットワーキングしかしない人は、次第に人脈の中から淘汰されていくのです。

2年間クラスメートとしてずっと一緒にいる、というのは意外に長い期間なので、「いい所ど《》り」だけをして逃げるわけにはいかない、という事情もあります。卒業後の人脈こそが重要、と皆心得ているので、ある程度の自浄作用も機能しているのです。

もちろん、雇用環境も、人材の流動性も、日米では大きく違うので、一概には比較できません。ですが私は、日本の30代、40代にも、もっともっと活躍の機会が訪れればいい、と切に願っています。それには、抜擢する側の意識改革も必要なのですが、抜擢される側の努力も求められているのではないかと思っています。

「人脈構築の社会実験場」での学び

ハーバードでの場所的にも時間的にも、ある意味隔離された「人脈構築の社会実験場」での経験は、私に「人脈」の本質的価値を教えてくれました。

【私の考える人脈の価値】

□自ら機会を創り出し、戦略的に人脈を構築すれば、活躍の機会が人脈からもたらされる

□もたらされた機会における貢献が、次の機会を呼び込むことにつながり、よい循環を創

り出す
□良い循環の中で、活躍するステージも自分の能力も自分の人脈も、さらに上のレベルに昇華していく

そして、「あなたは、何に貢献できるのか」を常に突き付けられるような厳しいギブ・アンド・テイクの世界で「良質の人脈を作る方法とは何か」「具体的にどのような行動が必要なのか」、という質問に対し、私がハーバードで得た答えは、次の五つの行動ステップです。

【五つの行動ステップ（人脈スパイラル・モデル）】

①自分にタグをつける（自分が何屋なのか訴求ポイントをはっきりさせる）
②コンテンツを作る（「お、こいつは」と思わせる実績事例を作る）
③仲間を広げる（コンテンツを試しあい、お互いに切磋琢磨して、次のステップを共創する）
④自分情報を流通させる（何かの時に自分のことを思い出してもらうよう、種を蒔く）
⑤チャンスを積極的に取りに行く（実力以上のことに挑戦し、レイヤーを上げる）

これが、本書でご紹介していく「人脈スパイラル・モデル」の①〜⑤のステップです。

これは、ハーバードという特殊な競争社会（共創社会でもある）でしか通用しないモデルではありません。むしろ、ハーバードという極限の疑似競争社会の中だったからこそ、「戦略的」な手法が凝縮され、私の眼にもあからさまなほど明確に見えた、ということではないかと思っています。そしてこのステップは、本来は皆さんが、意識・無意識のうちに励行しているプロセスなのではないか、と思うのです。

五つのステップからなる「人脈スパイラル・モデル」

「はじめに」でも申し上げたとおり、私は今、ヘッドハンターとして1000人を超える「経営のプロ」の方々と仕事をしています。こうした方々、特に早回しで抜擢の機会をつかみ、それをきっかけに「経営のプロ」としての実績を積んでこられた40代の方々の事例を観察すると、必ず「運を呼び込むための努力」を、地道に続けておられます。

先天的に人付き合いが上手な方は無意識のうちに行っておられるようですが、その努力の仕方には共通のパターンが見られます。この共通のパターンを「見える化」したモデルこそが、「人脈スパイラル・モデル」です。

それでは、この人脈スパイラル・モデルは、どのようにすれば実行できるのでしょうか。

私は、大きく**五つの主体的な行動**によって実現できると考えています。それは「**自分にタグをつける**」「**コンテンツを作る**」「**仲間を広げる**」「**自分情報を流通させる**」「**チャンスを積極的に取りに行く**」です。

この五つのステップを確実に踏んでいくことによって、実力と人脈がちょうど「渦巻（スパイラル）」のように、上昇・拡大していくのです。

それぞれのステップについては、第2部で詳しくご説明させていただきますが、ここでは、まず全体感をつかんでいただくことを目的として、「人脈スパイラル・モデル」の概要を簡単に解説していきたいと思います。

①自分にタグをつける

まず、抜擢してもらう際に、自分をどのようなキーワードで想起してもらいたいか、という「自分のタグ」を考えます。**自分が何屋なのか、をはっきりさせるのです。**簡単に言えば「○○と言えば、岡島悦子」と想起してもらえるようなフレーズを作る、ということです。

先にも述べたとおり、タグとは、もともと荷札や値札のことですが、ここでは、「訴求ポイ

人脈スパイラル・モデル

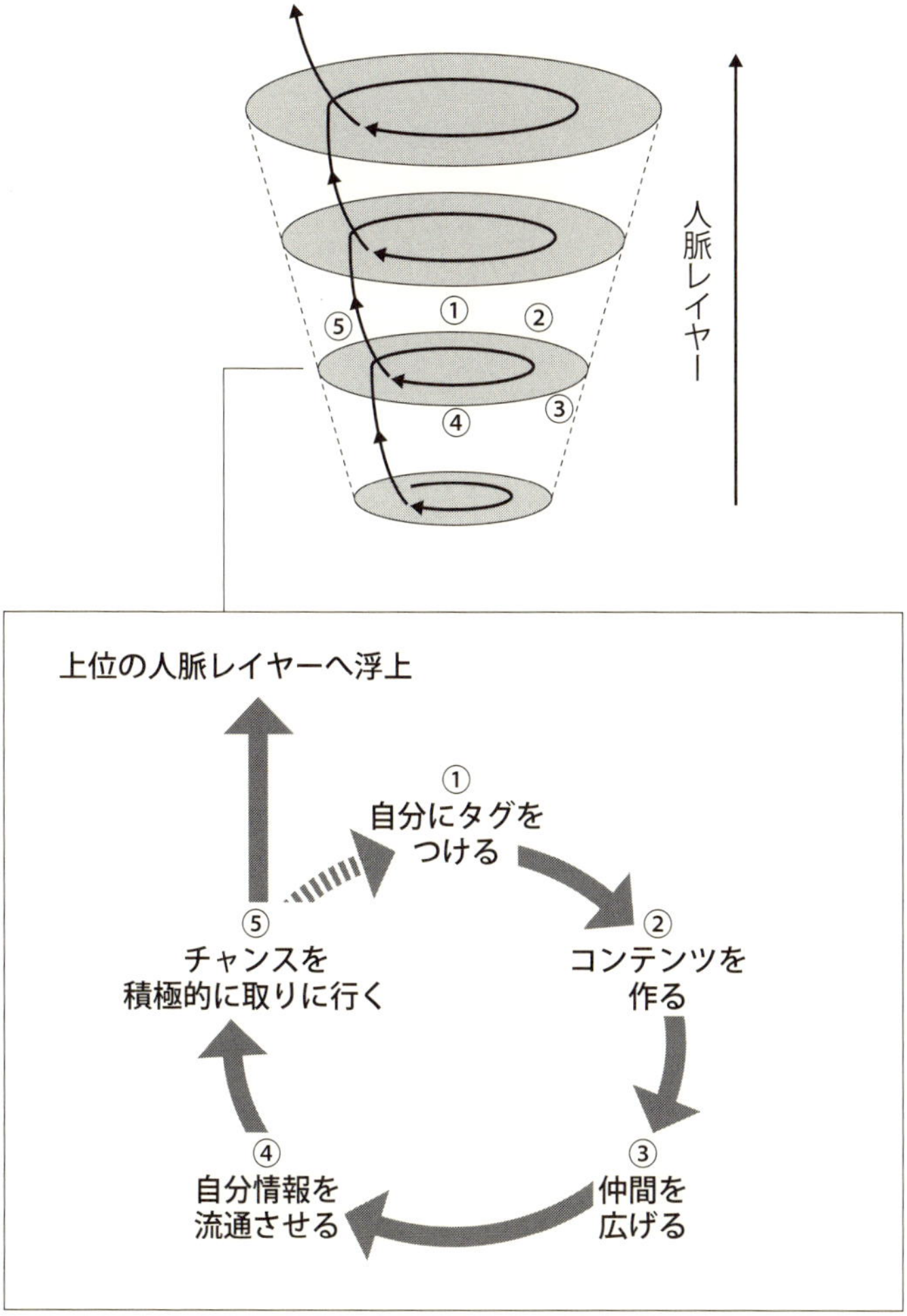

人脈レイヤー
①
②
③
④
⑤
上位の人脈レイヤーへ浮上
①
自分にタグをつける
②
コンテンツを作る
③
仲間を広げる
④
自分情報を流通させる
⑤
チャンスを積極的に取りに行く

ントを示すキーワード」のことを意味します。キャッチフレーズ、と考えていただいても良いでしょう。

最近では、ブログの世界でも「タグ」という言葉を使っています。ブログでは、ブロガー自身が、自分の書いた記事につけるジャンルやカテゴリーを指しています。具体的なタグをつければつけるほど、タグ検索などを通じて、自分と近い関心事の人が集客できる、という仕組みです。

人脈スパイラルにおけるタグは、このブログにおけるタグと同じような意味で使っています。**人脈の中の人の脳内検索にひっかかるようなタグを作る**ことが必要です。

タグとは訴求ポイントですから、自分の経歴・実績・スキル・得意分野・特徴・志向などの中で、どの切り口でもかまいません。自分が抜擢して欲しいと思われる層に、最もアピールできるような切り口を用意することが重要です。

自分が「どんな仕事のプロになりたいのか」「どんな領域なら人に負けないのか」「どんな世界観を目指したいのか」などを明確にし、相手にわかりやすい形、覚えておいてもらいやすい文言にして伝えるのです。

たとえば、現在の私のタグは『経営のプロ』人材を創出する人」ですが、それ以外にも「経営×人」「人的資本支援」「経営チーム組成」「成長の機会創出」「人脈のハブ」「組織と人のカタリスト（触媒）」などのキーワードもタグとして使っています。

私の仕事は、「人領域における経営コンサルティング」です。従って、ヘッドハンターという言葉は、私の仕事の実態を正確には表現していないのですが、わかりやすさを優先し、「ヘッドハンター岡島悦子」というタグも使っています。

その他、「なんでそんなに人脈が広いのか」といった質問を受けた時には、仲間うちであれば、「世界の中心で人をつなぐ女ですから（笑）」といったタグで答えたりもしています。要は、**多種類の「タグ」を作成しておいて、場や相手の状況を見ながら、時にはユーモアも交えて「タグ」を披露する**ことが大事なのです。

若い方であれば、レベル感としては「私は営業のプロである」「経理・人事・総務といったバックオフィスを幅広くカバーできる」「ビジネスモデルを考えるのは得意だ」「新しいアイデアをひねり出すのは誰にも負けない」「チームメンバーを育成することが得意だ」「社会貢献できる仕事をしたい」「日本発グローバルという仕事をしたい」「トップではなく参謀を目指したい」といったところから始め、実績ができるごとにより具体的に磨いていくことになるでしょう。

最初のうちは、タグは完全なものでなくても大丈夫です。ただ、あまりに抽象的なタグでは印象に残らず、結果、ブログ検索同様、脳内検索にはヒットしてきません。

また、「最近流行っているから」とか「人からかっこよく見えそうだから」といった理由でつけたタグは、すぐに見破られます。少し前で言うと「ファンドビジネスに携わりたい」、最近で言うと「社会起業家になりたい」と言う人の中には、自分との対話（内省）がタグのベースとなっていない人も多く、少し掘り下げた質問をすると考えの浅さや動機の薄さが露呈し、自爆してしまう人もいます。

自分の志向やスキルをタグにする人の場合には、本来は、自分の信念や使命感といったものとどこかで結びついていないと、説得力の弱いタグになってしまいます。タグの中に、**自分らしさという「キラリと光る原石」**が入っていなければ、思いつきや口先だけと思われてしまいます。

他人に「この人は面白いものを持っていそうだ」「化けそうだ」と予感させること、「この間こんな人に会ってね」と思わず他人に自慢したくなるようなネタとなりそうなこと、印象に残ることが大切です。自分の実態を正確に表し、相手にメリットをもたらしそうなタグを、サービス精神をフルに発揮して真剣に考え、磨いてみることをお勧めします。

②コンテンツを作る

次に必要なのは、このタグのユニークさを証明する「**コンテンツを作る**」ことです。相手に「こいつはスゴイ」と思わせる内容を用意するのです。

タグが決まったら、それに見合うコンテンツを準備します。ビジネスにおいては「〇〇ができる」「××をやりたい」という言葉だけだと自己評価に過ぎず、信憑性が低いため、相手に「できそうだ」と思わせる〝裏付け〟となるような、**わかりやすい事実やエピソードで客観性を立証する**ことが必要なのです。

これは、すでにできあがっている実績の「見せ方」を工夫する、という場合もあるでしょう。しかし、多くの場合には、タグの表現を磨きつつ、ビジネスの現場でそのタグと結びつく何らかの成果を上げる努力をします。成果が出た所で、タグの裏付け証拠となる「コンテンツ」として表現できるものが完成するのです。

どの程度のレベルの実績だと「コンテンツ」として成立するのか、という疑問をお持ちの方も多いと思います。そもそも実績とは何か、どのような軸で評価されるのか、といったことについては、ヘッドハンターとしての経験も踏まえながら、第2部のSTEP2で詳細にご説明させていただきます。ここでは、どのようなものが「コンテンツ」となるか、をイメージしていただくために、事例を簡単にご紹介したいと思います。

たとえば、私が尊敬し応援している若手経営者の中に、タクラム・デザイン・エンジニアリングの共同代表、田川欣哉氏がいます。同社は、「デザインエンジニアリング」という多角的なアプローチを持つ新世代の製品会社です。最近は主に、デジタルカメラや携帯電話等のコンセプト作りからデザインまで、さらにそれらのユーザーインタフェースの設計などを手掛けているようです。

田川氏のタグは「デザインエンジニアリング」、すなわち、デザインとエンジニアリングの二つの視点を活かした新しいアプローチの製品開発のことです。そしてこれらのタグを裏付けるコンテンツとしては、次のようなものがあります。

□田川氏は東大工学部出身でエンジニアリング・バックグラウンドを持ち、かつロンドンの英国王立芸術大学（ＲＣＡ）にデザイン領域で留学。その後、一流のデザインファームで活躍した後、現在のタクラムを設立したという経歴を持ち、新しいスタイルのチームで活動している。

□情報処理推進機構（ＩＰＡ）の未踏ソフトウェア創造事業の「天才プログラマー／スーパークリエイター」と認定されている。

□プロトタイプとして制作した作品が、数々の出展、受賞をしている。

□グローバルにも認められるキャリアと実績を持ちながら、プロトタイプを作るには日本が最適である、と日本に拠点を置いている。

このように、32歳ながら、「デザインエンジニアリング」という新しい領域で、日本のモノづくりを支え、イノベーションを推進し、しかも視野はグローバルであり、グローバルに活躍するポテンシャルが非常に高い、ということを実証するエピソードになる「コンテンツ」を豊富に持っておられるのです。

田川氏は、こうしたご紹介しやすい「コンテンツ」を豊富にお持ちなので、非常に「推薦」しやすい方とも言えます。たとえば、日本のイノベーション推進のブレーンとして技術領域の内閣特別顧問をされている黒川清先生にも、あるカンファレンスで田川氏を「若手×グローバル×イノベーション」という切り口でご紹介した次第です。

もっとも、田川氏の場合には、若くして人と差別化のできるすばらしい「コンテンツ」をお持ちですが、すべての皆さんが最初からこのレベルの「コンテンツ」を狙う必要はありません。また、田川氏にしても、「デザインエンジニアリング」というタグを立証するための「コンテンツ」としての実績を、今も次々と積み上げている最中であり、それによってコンテンツの濃度はどんどんと高まっていく訳です。

このように、特に実績をタグにする場合には、**最初は具体的な成果でなくてもかまいません**。実績作りにはある程度の時間がかかりますし、真の意味での「時の運」も関係してきます。

また、「○○ができる」という「能力」をタグにする場合には、他の人でもできることではなく、小さなことでもいいのでユニークさ（特徴）が重要です。一方で、「××をやりたい」という「志向」をタグにする場合には、その想いに至る原体験や動機といったもののユニークさが「コンテンツ」となるのです。

逆説的ではありますが、ほとんどの場合、他者は、その人のコンテンツの現時点での優劣よりも**「どこまで真剣にがんばっているか」の意欲**を見ているものです。その「コミットの姿勢」や「想いの強さ」を見て、相手を信頼します。もともと最初の段階で出せる実績はたかが知れていますし、実際にやってみないことには、本当にそのタグが自分に適しているかどうかもわからないでしょう。

そして、印象に残るコンテンツにするためには、視点や切り口の面白さ、というものも大事な要素になってきます。私のハーバード時代のエピソードのように、いろいろなコンテンツを作り、それが相手の印象に残るネタなのかを、手を替え品を替え、トライアルしてみるという方法が有効です。

③仲間を広げる

三つめが「**仲間を広げる**」ことです。仲間たちを相手にタグやコンテンツを試し合い、お互いに切磋琢磨して、次のステップを共創するのです。

「人脈構築は個人プレーだ」と思っている方には、直感的にわかりにくいポイントかもしれませんが、「仲間を増やす」ことによって、仲間と共に人脈を共創し、仲間の人脈からも「抜擢される機会を増やす」という意味です。**「人脈をレバレッジし合える」仲間を増やす**、とも言えます。

「抜擢をされて活躍したい」「もっと自分の可能性を試したい」という同じ志を持つ仲間と、人脈の核となるグループを形成する、というのが、この三つめの行動ステップです。自分のタグやコンテンツと関連するような切り口での勉強会やコミュニティを形成し、定期的に開催していくことができれば理想的です。

その仲間の中で、自分のタグやコンテンツが通用するのか、評価されるのか、わかりやすい表現になっているのか、を試すことができるといいでしょう。ただし、勉強会やコミュニティは、自己紹介の稽古場であっても、自己紹介だけをする場ではありません。何か共通の興味関心をフックに、学び合ったり、討議し合ったりしながら切磋琢磨することが目的であり、タグやコンテンツを試すことは、あくまでも互いを知る手段の一つと認識すべきです。

具体的には、第2部のSTEP3で詳しく述べますが、たとえば社内有志の勉強会、業界有志の勉強会、などが比較的着手しやすいものだと思います。形態は、勉強会でも食事会でも飲み会でも構いませんが、単に集まるということではなく、互いを知る、互いに切磋琢磨できるようなテーマを決め、話をできる環境を整備することが必要です。

このとき「誰を仲間に入れるか」を真剣に選ぶことは、非常に大切です。仲間は、とことんまで膝を突き合わせて話ができる同志であり、同時に成長を喚起し合えるライバルでなければなりません。ですから、お手軽な異業種交流会や仲良しクラブでは難しいでしょう。皆が同等レベルの貢献をしていく、フリーライダーは許されない、というゲームのルールを全員が共有しなければなりません。

さらに上の人脈レイヤー(階層)を見上げ、そこへの道程を共創できる集まりがベストです。整理すると、意識的に仲間を増やすことのメリットは、次の四つです。

・コンテンツを試せる

人脈スパイラル・モデルのステップ②で作成した「コンテンツ」を試す相手ができ、コンテンツの質を磨くことができる。近い志を持つ仲間だからこそ、自分のコンテンツがイケているか、の反応を信頼して確認することができ、修正していくことができる。

・能力開発ニーズを客観的に把握できる

仲間と切磋琢磨することによって、自分の強みや弱みを客観的に評価して自分の能力開発ニーズを把握することができ、努力すべきポイントを理解することができる。

・仲間から活躍の機会を獲得できる

切磋琢磨するようなプロセスを一緒に経た仲間は、互いの強みや志向をよく知っているので、何かの機会が出現した際に、真っ先に自分を想起してくれ、他薦してくれる。

・仲間の人脈も共有し、抜擢の機会が複利になる

仲間同士で理解し合った上で、それぞれが保有する人脈の中でプラスになるような人を紹介しあったりすることで、抜擢の機会を増やすことができる。いい意味で、仲間の人脈をレバレッジし合える。

同じような志の仲間が集まって始まった勉強会メンバーが中心となって、ベンチャー企業が設立されたり、業界の大規模なカンファレンスに昇華していったり、といった事例も、実は豊富に拝見しています。

そこまで直接的に効果のあるものでなくとも、こうした志を共有する勉強会やコミュニティの仲間は、間違いなく、皆さんの人脈のベースキャンプとなるはずです。

「ものすごくハイレベルな勉強会にしよう」と最初から力み過ぎず、とりあえずは「小さく産んで大きく育てる」くらいの気持ちで、少人数で始めてみることをお勧めします。

④自分情報を流通させる

四つめのステップが「**自分情報を流通させる**」ことです。何かの時に自分を思い出してもらえるよう、発信するステップです。

仲間内で試し磨かれた自分の「コンテンツ」を、仕事の場や業界の会合などの場で発信したり、ブログなどで発信したりして、世の中に流通させていきます。

また自分のコンテンツだけでなく、「先日佐藤さんと勉強会をしていて、こんな面白い話を聞いた」というように、仲間のコンテンツを発信し合う、ということも有効です。先にも述べたとおり、自分のタグやコンテンツがユニークであれば、「自分の仲間にはこんなスゴイ人がいる」と仲間が勝手に自慢してくれるかもしれません。この行動も、自分のタグやコンテンツが、世の中に発信されていく一つの形態なのです。

コンテンツの流通に際しては、目的を絞り込むというよりは、何かのときに誰かが自分のことを思い出してくれるように「**種を蒔く」という姿勢**が大切です。幅広く情報を流通させておくと、誰かが頭の中で「○○ができる（やりたい）人」を検索するときに、自分のタグやコンテンツが脳内検索にひっかかる確率が上がるわけです。

流通のさせ方は、いろいろな方法が考えられるでしょう。もちろん、仕事の場やパーティーや飲み会で人と会ったときに話してみるのでもいいですし、ブログやメールマガジンで表現するのもいいでしょう。ブログで発信していたことを見た人が、トラックバックしてくれたり、時には取材につながり雑誌に掲載されていったり、といった流通につながる場合もあります。

1回の発信では、コンテンツが活躍の機会を引き込むことに直接つながるという効果は低いですから、いろいろな局面の機会をチャネルと思い、多様なチャネルや方法で、自分や仲間のコンテンツを発信し続けることが大切です。

なお、人はいろいろなチャネル経由で見聞した情報を信用するもののようです。複数の人からの口コミや、複数の媒体で頻繁に見るコンテンツは、「そういえば、最近、この人の話題をよく耳にするなぁ」と、その人の「関心領域」の引き出しに入れられるようです。何かの抜擢の機会などに、「想起されやすくなる」効果は、確実に上がるはずです。

⑤チャンスを積極的に取りに行く

そして最後のステップが「**チャンスを積極的に取りに行く**」です。いざと言う時に、実力以上の機会に挑戦するという意味です。

面白いもので、④で自分や仲間からコンテンツを発信していると、思わぬ所から抜擢の機会が舞い込みます。

たとえば、私がこの本を書いているのも、『週刊エコノミスト』（毎日新聞社）に寄稿した文章を見た東洋経済新報社の編集者の方が興味を持ち、私のブログを読んで、企画を持ち込んでくださったことがきっかけとなっています。人脈からの口コミ推薦や、ブログに埋め込んでおいたタグを検索した結果が、講演の依頼や雑誌の取材、経営者カンファレンスへの招待などにつながっていることも多いのです。

流通させたコンテンツの即効性はさまざまです。すぐに効力を発揮する場合もあれば、忘れたころに何かの機会につながることもあります。したがって、「○○をやってみない？」という転機は、いつやってくるかわかりません。そして、たいてい自分の目の前に留まっている時間は短いものです。チャンスと見るや、積極的に――それこそ、なりふりかまわずに取りに行くことが大事です。

「**チャンスの女神には、前髪しかない**」とよく言います。女神が来たら「えいっ」と飛び込む勇気が必要です。そのためにも、いつ女神に出会っても、期待に応える結果を出せるように、能力や武器を磨き、いつでも発揮できるように準備しておくことが必要です。

この手の抜擢のチャンスとは、すなわち「**誰かに買いかぶられて、実力以上のことに挑戦する機会**」です。実力以上の仕事をやるのは簡単なことではなく、多くの苦労が伴うでしょう。しかしそれを乗り越えたときに初めて、大きな成長を手にすることができるのです。「実力不足なのではないだろうか」「私より適任者がいるのではないだろうか」と悩む人もいるでしょうが、思いっきり背伸びをしているうちに、自分が成長し、いつのまにか踵《かかと》が地に着くような感覚を得られるはずです。そしてこの成長実感は、健全な自信（根拠のない自信の反対語）へとつながるのです。

突然にやってくるチャンスは、喩えるなら「突風のような上昇気流」です。この流れに上手に乗れば、活躍の機会ができ、成長して実績ができます。そして実績ができたことによって、目線がぐいっと上がり、思っていたよりも簡単に、活躍するステージ（舞台）のレベルが上がり、付き合う人脈のレイヤー（層）が上がりぐっと押し上げられるのです。

そして五つのステップを踏んで一つ上のレイヤーに昇った後、**活躍するステージのレベルが上がる**ことによって、改めて自分のブランディング確立と人脈構築、能力開発を行う必要が出てきます。再び自分のタグを見直し、タグに見合ったコンテンツを作り直し、仲間を増やして新たなスパイラルを生み出していくのです。

繰り返しになりますが、もちろん、この人脈スパイラル・モデルを成功裏に回していくためには、与えられた機会には実績を出して期待に応えること、そして不断の能力開発の努力が必要です。抜擢のチャンスが舞い込んだときに、抜群の成果を発揮できるように、知識やスキルを常に向上させていることが、上昇気流に乗っていくための大前提になるのです。

戦略的人脈構築でゼロから130億円の出資金が集まった

この人脈スパイラル・モデルが実際に機能するという事例として、ライフネット生命保険株式会社の取締役副社長・岩瀬大輔氏の事例をご紹介しましょう。

岩瀬氏は、社長の出口治明氏と一緒に、2008年にゼロからネット専業の生命保険会社を立ち上げました。生命保険会社と言えば、大きな資本と、極めて高い信頼性が重要なビジネスであり、ベンチャー企業としてチャレンジするには非常に難しい領域です。

ライフネット社は、既存の保険会社の資本が入っていない戦後初の完全独立系生保会社として、今、大きな注目を集めています。出口氏と二人三脚で会社を創立した岩瀬氏は、大学を卒業後、戦略系コンサルティング会社のボストン・コンサルティング・グループに入社。その後、ICGジャパン、リップルウッドを経てハーバード大学に留学しました。

ハーバードに在学中、岩瀬氏はMBA留学の状況や思いをブログにつづっていました。このブログは人気を博し、MBA修了後、『ハーバードMBA留学記』（日経BP社）として出版され、ベストセラーとなりました。そして、このブログを読んでいた日本における独立系投資顧問大手「あすかアセットマネジメントリミテッド」CEOの谷家衛氏が「君がベンチャーをやったら絶対に成功する。お金なら僕が出すよ」と言ってくださったそうです。

この時、岩瀬氏は「当時は起業を考えていたわけではなく、何のアイデアも持っていない」状態だったそうです。しかし、谷家氏とミーティングを重ねるうちに、生命保険会社の設立というアイデアが出てきたのです。

とはいえ、岩瀬氏にも谷家氏にも生保会社の経験はもちろん、知識もほとんどありません。そこで専門家にも参加してもらおうということで、谷家氏が、日本生命出身で保険業界のオピニオン・リーダーとして名高い出口治明氏に声を掛けたのです。

出口氏は事業プランを聞いて、すぐに「このビジネスで、なおかつこの人たちと一緒にやればいける」と判断したそうです。その後、3人でアイデアを少しずつ膨らませているうちに「ネット生命保険」への道筋が見えてきました。

そして2006年に準備会社を設立。1年半で約130億円の資金を集めることに成功しました。株主には、三井物産やリクルートなど錚々たる企業が名前を連ねています。

日本において、大企業の後ろ盾がないゼロ・スタートのベンチャーが130億円もの出資金を集めた例は、ほとんど皆無に近いでしょう。

今、岩瀬氏はライフネット社のビジネス拡大に奔走し、同じように「ネット証券会社」を立ち上げ、証券業界に風穴を開けて来られたマネックス・ビーンズ・ホールディングス（現マネックスグループ株式会社）の松本大氏などの後ろ盾も得ながら、新しい人脈との交流も深め、ますます多くの支援者やファンを獲得し、それを自社の発展に活かしています。

「人脈スパイラル・モデル」は、私のオリジナルのフレームワークですが、岩瀬氏の人脈構築・活用法を拝見すると、このモデルにぴったりと当てはまるように見えるのです。

①ハーバードＭＢＡという「タグ」
②戦略コンサルティングやＰＥファンドなどで働いたことがあり、ユニークな視点や洞察を持ち、ハーバードでトップ５％の成績優秀者という「コンテンツ」をブログで発信し、有名ブロガーとしても注目を浴びる
③コンテンツ発信がきっかけで、谷家氏という素晴らしい投資家・支援者に出会い、出口氏というパートナー（＝同士）をみつけ事業準備を始める
④ブログを書籍化した本もベストセラーとなり、ネット生命保険会社設立準備中というコンテンツも流通
⑤事業会社やベンチャーキャピタルからも資金提供を受けて事業化を果たし、新たな資金支援

や人的資源も調達、急拡大の機会を獲得し、より上位なステージで活躍中

もちろん、岩瀬氏には、抜擢される機会に応えるだけのすばらしく優秀な能力があることは間違いないでしょう。しかしながら、ここで注目したいのは、これだけ能力のある人でも、「**戦略的」に人脈構築を行い、大きな抜擢の機会を自ら引き寄せるための努力をしている**点です。大きな資本も信用力も必要な生命保険会社設立に挑むためには、岩瀬氏のこれまでの実績や能力と、この会社にかける志を信じ、さまざまな形で応援してくれる人脈が不可欠だったと言えるでしょう。このように、岩瀬氏の事例は、まさに「いい人脈ネットワーク」を作り上げ、自身も成長しながら影響力を拡大させ、人脈の新たなレイヤーに上がり続けている「人脈スパイラル・モデル」活用の好事例と言えるのではないか、と思うのです。

人脈の価値は「数」ではなく「作るプロセス」にある

ここで気をつけたいのが、抜擢を呼びこむ「いい人脈ネットワーク」とは、プライベートな人脈とは別物だということです。また、名刺の数で優劣を競うようなものでもありません。

時間と労力をかけながら、自分の手で作り上げた「自分にとって最適な人脈」でなければ意味がないのです。

名刺の数で優劣を競う旧来型の人脈構築が陳腐化した背景には、インターネットの普及があります。インターネットの登場によって、人が接することのできる情報量が無限に広がりました。たとえば「○○ができる人」を探すとき、検索ツールで人物を探し、ウェブサイトやブログを通じて人となりを理解し、メールでコンタクトすることが可能になりました。SNSのようなコミュニケーションツールを使えば、1000人単位で人脈を持つことも可能です。

ですから、名刺をたくさん持っているとか、人の名前を数多く知っているとか、いわゆる「量」に還元されるかたちの人脈は価値を持たなくなっています。ただ知っているだけ、一度や二度コンタクトしたことがあるだけ、という人脈はありふれています。「学生時代の同級生」というつながりですら、「キャンパスですれ違っただけ」とか「食堂で何度か話をしたことがある」であれば、危ういかもしれません。会って話をするきっかけを作れても、実際に一緒に仕事をして切磋琢磨できる関係になれるとは限りません。

また、プライベートであれば、「そうは言っても一緒にがんばってきたし」とか「あの人はいい人だからなぁ」といった情理によって、いろいろなことが許されます。もちろん、プライベートな人脈もとても貴重な人脈です。しかし、この関係がビジネス人脈として機能するか、というと限界があるでしょう。

改めて言うまでもありませんが、仕事に必要なのは「自分と相手の双方にメリットをもたらすＷｉｎ−Ｗｉｎの関係」です。それがなければ、ビジネス上の信頼関係は築けません。

とてもドライな言い方になってしまうのですが、ビジネス人脈の要件として、

- **ギブ&テイクの関係が成立することを双方が認識している**
- **お互いへの期待値がどこかで合致している**
- **一定の期間限定の可能性もあり、関係の永続性を前提としない**

といったことが挙げられます。

この前提を崩す「ちょっとくらいなら、いいじゃない」というような甘えは、ビジネス人脈の関係では成立しないのです。フリーライダーな人、というレッテルを一度貼られてしまえば、人脈仲間での強い口コミの中で、コミュニティから排斥されることもあり得ます。そう相手に感じさせないためにも、「まずは自分が貢献することが先」と思っておくことが重要でしょう。

ビジネス人脈とは、あくまでも一人のビジネスパーソンとして、自分自身が仕事で置かれた環境において、相手と共に成長し、じっくりとビジネス人脈という活躍の源となるような基盤

を一緒に作っていくようなものです。プライベートの人脈とビジネスに有効な人脈は、まったく異質なものだということを、しっかりと理解することが必要でしょう。

したがって、意味もなく異業種交流会に参加して名刺をばらまいたり、会社の得意先とお酒で親交を深めたりしても、ここでいう「抜擢される人脈力」は高まらないのです。極論を言えば、私岡島が持っている人脈を読者の皆さんにご紹介したところで、必ずしも意味のあるものになりません。各々にとって最適な人脈、というのは、異なるからです。

人脈とは、作っていくプロセスにこそ、大きな価値があります。

そして、どんなに小さなコミュニティでも、切磋琢磨しながら自分たちを高め合い、少しずつネットワークを拡げられる人脈を見つけられたら、それが最初の「人脈スパイラル」となって基盤となり、次の人脈レイヤーに上がるきっかけになることが多いのです

第1章では、人脈スパイラル・モデルのご説明と、それに至る私の経験をお話ししました。次の第2章では「抜擢される人の人脈力が、なぜ重要になってきたのか」という背景と、「これからの時代、人脈構築を怠るとなぜ生き残れないのか」という将来仮説について、ご説明させていただきます。

第2章

人脈のパラダイム・シフトに伴う戦略的人脈構築の必要性

白馬の王子はやってこない

「はじめに」でもご紹介したとおり、成功を収めた人に話を聞いてみると「自分でもよくわからないが、なぜか抜擢をされるチャンスが到来し、そこで実績を作れたお蔭で、次のチャンスに恵まれた」という人がほとんどです。

この「最初の実績を作る機会を得る」ことを、私は**「最初のわらしべ」をつかむ**、と言っています。昔話の「わらしべ長者」に由来しています。「最初のわらしべ」がなければ、立身出世の連鎖を生みだす「きっかけ」が存在しないのです。

ヘッドハンティングの現場にいると、志の高い若手の皆さんの最大の悩みは、この「最初のわらしべ」をどうやったら手に入れられるのか、ということのようです。すなわち、**自分の可能性を立証したいが、それを立証する「機会」が永遠に与えられない、その「機会」の入手方法もわからない**、ということです。

何かにチャレンジしようとしても、「それで、今まで、どのような実績があるの?」と聞かれる壁に阻まれたり、「その仕事での実績がないから、チャンスはないだろう」と尻込みしてしまったり、という方が多いようです。

あなたのポテンシャル（潜在能力）を見極め、少しだけ買いかぶってくれる人が、最初のわらしべ的な機会を与えて抜擢してくれない限り、いつまでたっても「実績を作る機会」が与えられないのです。「買わない宝くじは当たらない」と言いますが、「宝くじを買うチャンスさえ回ってこない」という状況です。

私は、日本には「機会が与えられれば、もっと活躍できる」と思われるポテンシャルの高い人材がたくさんいる、と思っています。しかしながら残念なことに、「機会のつかみ方」「人脈の作り方」といったことを、自分で考えたり、理論的に説明されたりするチャンスに一度も出会ったことがない、という人も多いようです。それゆえ、「いつか自分には必ず良いチャンスが巡ってくる」と信じて、機会を獲得するための努力を怠ってしまっている人も多いように見受けるのです。「**白馬の王子様症候群**」と私が名付けている一群の方々です。

抜擢されるには「自薦」ではなく「他薦」が必要

では、「最初のわらしべ」は、どのようにしてつかめば良いのでしょうか。

「最初のわらしべ」をつかむには、現在の仕事で実績を作れるような機会を獲得し、その実績を「最初のわらしべ」とできるのが、一番順当です。

しかしながら残念なことに、現在の日本には、右肩上がりの成長をする企業ばかりが存在するわけではありません。今までの延長戦上の仕事をしっかりとこなすことが求められていたり、いわゆる「上が詰まっている」という、上司が何レイヤーもいるような状況の中では、「実績を作れるような活躍の機会」が若手に回ってくることは少ない、というのが実情ではないでしょうか。

このような状況では、ラインで粛々と順番待ちをしていても、もしかしたら一生、活躍の機会は巡ってこないかもしれません。そうだとしたら、現状を打破し、「抜擢の機会」を何とか自分に引き寄せる、という努力をしなければならないのです。

難しいことに「抜擢の機会」というのは、そもそも通常は非公開情報です。会社によっては、「チャレンジ・ポスト」と銘打って、「抜擢の仕組み」が導入されている企業もありますが、ごく少数です。実態は、内々に当選者が決まっていた、ということも珍しくないようです。

抜擢の機会の大半が非公開情報だという前提に立つと、「最初のわらしべ」を求める皆さんには、機会がどこに存在しているかがわからないわけですから、自分から立候補する、つまり「自薦する」ということが成り立ちません。

誰かが、あなたのことを思い出し、かつ、適切な候補者だと推薦してくれなければ、あなたの名前は抜擢候補者リストに入りません。**自薦ではなく、「他薦」されることが必要**なのです。

上司部下の関係の中にあるようなプロジェクトであれば、あなたにも、こうした機会は巡って来るかもしれません。しかし、全社プロジェクト、社外との共同プロジェクト、社外での求人機会において、あなたを推薦してくれる人はいるでしょうか。

重要なことは、あなたを「知っている」だけでは、相手は「他薦」はしてくれないということです。

あなたが、どのような意欲と学習能力と結果を出す力を持っているのか、どんな貢献ができそうなのかなど、あなたのポテンシャル（潜在能力）を信じるだけの材料が相手に伝わっていなければ、「機会」が出現した時に、あなたの名前は思い出してもらえないのです。プロジェクトのキーワードとあなたのタグが合致した時に初めて、あなたの名前が相手の「**脳内検索」に引っかかる**のです。

そして重要なことは、「他薦」だからといって、運任せにはしないということです。自分から動く方法はあるのです。あなたの名前が想起され、適切な推薦理由とともに「**他薦」をしてもらえるように、能動的に仕掛けていく**、という方法をとらなければなりません。

「あの人にはいつもチャンスが回ってくる」とあなたが思っている人とは、こうした努力を、意識的・無意識的にかかわらず、継続している人なのです。

人脈のパラダイム・シフトが始まった

ここまでお読みいただけば、活躍するために自ら抜擢の機会を創り出す必要性、抜擢されるための人脈構築の必要性を理解していただけたと思います。

ここで一つ、非常に重要なことをお伝えしておきます。それは、**これからの時代、人脈構築力は、飛躍的に重要性を増す**ということです。少し刺激的な言い方ではありますが、**これからの時代、人脈構築の努力をしていない人は、淘汰される時代になっていく**のです。

その背景には「**ビジネスのパラダイム・シフト**」があります。パラダイム・シフトとは、一般的に「当たり前だ」と思われていた言説や概念、認識が革命的に変わる・覆ることをいいます。ここでご説明する主なパラダイム・シフトは、次の四つです。

□企業の組織寿命が短命化し、個人のビジネス寿命の方が長くなる
□組織は、定常型組織から、プロジェクト型組織へと移行する
□人は、クリティカル・ワーカーとルーティン・ワーカーに二極化し、ルーティン・ワーカーの仕事はグローバルな労働力に代替される

□リファレンス文化が普及し、所属組織名での評価から、個人の実績や仕事ぶり重視へと、評価の質が変化する

これらは、私が多くの経営現場で「人と組織」という切り口でコンサルティングしている経験を元に抽出した将来仮説です。先端的企業では既に発生している変化であり、これからの時代の「**人と組織の未来予想図**」ともいえます。この未来予想図に基づき、私は人脈構築力の重要性の高まりを確信しているのです。

それでは、これらのパラダイム・シフトについて、一つずつ見ていきましょう。

個人が組織より長生きする時代

皆さんも感じておられるように、日本の労働環境は、どんどんと変化しています。終身雇用制度は崩れ、一生に一社を全うする、という人の数も減少傾向にあります。最近では米国のサブプライムローンの影響を受け、日本企業の企業倒産件数も増加しています。また、会社がM&Aをされるなど、企業の短命化が進んでいるという事情もあり、そもそも一社を全うする、

ということ自体が難しくなってきているという現状もあります。

もし今あなたがいる会社が終身雇用を表明しているとしても、これをあまり過信し過ぎるのは危険です。会社の経営方針がいつ転換されるかもしれませんし、会社自体がなくなる、というケースも出現しているからです。

ピーター・ドラッカー教授も著書『プロフェッショナルの原点』（ダイヤモンド社）の中で

「働く者が自分の組織よりも長生きするようになった。三十年以上繁栄する企業は少ないというのに、そこに働く者の労働寿命が五十年に及ぶようになった。人類史上初めてのこととして、組織よりも人のほうが長生きするようになった。

その結果、人は自らの一生をマネジメントしなければならなくなった。一人ひとりの人間に、これほどまでの主体性と責任が求められるようになるとは誰も思わなかった」


と、自らのキャリアをマネジメントする責任の重要性が増していることを述べています。

この点では、アメリカは半歩先を行っていますが、日本においても業界再編などが加速していますし、この傾向は強まってきています。**個人の職業人生よりも、会社や事業の寿命のほうが短くなってきている**、ということが現実に起きているのです。

新卒で入社し、社長を目指して出世街道をひたすら走ってきたけれども、社長になるどころか、会社そのものがなくなってしまった、という現実もあります。いざ企業が倒産した時に、社内評価は非常に高かったが、それは社外では求められていない能力であり（たとえば社内政治に精通しているなど）、実際は自分の人材としての価値は市場で高く認められない、という事実に愕然としている方も多いのです。

もはや、会社組織だけに頼る時代ではないのです。自分の仕事を確保するのは、自己責任という時代になってきているのです。ここで重要になるのは、社外に出ても通用する「再現性のある実績」の有無なのです。

現在の仕事で実績を作ることができるのであれば、それに邁進すべきでしょう。一方で、仕事に邁進しても成長実感がないとか、社外市場価値がいつまでたっても上がらない、ということであれば、社内外を問わず、「成長できる機会」を獲得しにいくことを考えるべきです。

しかし先に述べたとおり「活躍の機会」を獲得するのには、個人の力では限界があります。そこで役立つのが、横のつながりという「人脈ネットワーク」なのです。

かつて人脈といえば「仕事を通して手に入れる」ことが普通でした。名刺を交換して、仕事が終わったあと飲み屋に行き、お互いの会社のグチを言い合う。そして長い付き合いを通して、だんだんとツーカーの仲になっていく……。こうした人間関係は、仕事上でのコミュニケーションを円滑にするためにも、重要なものかもしれません。

しかし私は、これからの時代を生き抜いていくには、こうした人間関係だけでは、うまくいかないと考えています。

これからの新しい人脈構築の形とは、お互いにビジネス上で貢献をしながら、ギブ&テイクが成立する前提で、一緒に成長していける関係のことを指しています。対等の関係で情報を交換し、相互に「チャンス」を融通しあえる「仲間」や「同志」と言い換えてもいいでしょう。

特に、企業の後ろ盾に頼ったネットワークは不安定になっていきます。会社の看板に頼る関係ではなく、自分の手で作り上げた人脈でなければ、相手が「ちょっとあいつに声を掛けてみよう」とか「この前、助けてもらったから、何かできることを探してみよう」と考えてくれない可能性があるのです。

ビジネスの大きな変化によって、人脈に対する考え方も大きく変わろうとしています。この現象は、「**人脈のパラダイム・シフト**」と言ってもいいでしょう。

今や人脈は、仕事をしていれば自然に増えるものではありません。自分から、積極的に「いい人脈ネットワーク」を構築していかなければ得られなくなったのです。

極端な言い方をすれば、いい人脈ネットワークとは、「チャンスが舞い込んでくる」「何かのときに声が掛かる」といった、**他薦をしてくれる人たちとのつながりを作ること**です。すなわち「抜擢される人脈」なのです。

プロジェクト型組織の台頭

企業組織そのものの短命化に加え、商品やサービスの消費サイクルが早くなり、多品種少量生産が進んでいます。顧客のニーズは短期間で変化しやすく、競合も新しい打ち手を短いサイクルで打ち出してきます。業界の構造が変わり、競合の定義さえ変化している企業もあります。企業が長期にわたって安定するための基幹業務は、存在しづらくなりました。たとえ大ヒット商品を生み出しても「これで向こう10年は安泰」ということはなく、「次、次」とどんどん新しい商品や仕掛けを考えていかなければなりません。

今、多くの企業は生き残るために、個人に「厳しく成果を求めざるを得ない」状況なのです。これを受けて、日本の組織の中にも「**定常型組織**」から「**プロジェクト型組織**」へシフトしている企業が出てきています。

定常型組織とは、中長期間、組織の形態が固定化している企業です。かつてビジネスモデルに大きな変化がなかった時代には、大企業を中心に、定常型組織が一般的にとられていました。

何をやれば儲かるかがはっきりしている状態で、社員には一定の役割が期待されており、「一つひとつの仕事を着実に片付けていく」ことが求められていたからです。

しかし、多品種少量生産の現在は、そもそも「何をすれば儲かるか」がわからない状態です。ですから、新しい商品や企画、価値を考えていかなければなりません。そこで導入される組織形態が、**プロジェクト型組織**です。

これは、あえて定常的な組織を置かず、課題ごとに必要とされる機能を定義し、該当する専門性を持つプロジェクト・メンバーを自薦・他薦で集め、配置していく組織です。プロジェクトは期間有限であり、一定の目的が終了した後には解散となるものです。

変革の局面などで、特定の目的のための「タスクフォース」や「クロスファンクショナル・チーム」と呼ばれる全社プロジェクトもこの一例ですが、最近は、全社のほとんどがプロジェクト型、という企業も出てきているようです。

私のいたマッキンゼーなどのコンサルティング会社では、このようなプロジェクトごとにメンバーをアサイン（配置）していく組織運営が通例となっています。高い専門性を持つ「プロフェッショナル」を集め、育成しているからこそ、こうした組織形態が成り立つとも言えます。

また、現在の私のクライアント先にはエンタテインメント業界の企業も多いですが、こうした企業ではアメリカのハリウッド式の組織にならっている会社が多いようです。つまり、社内横断的に人を集め、プロジェクトごとに組織をスクラップ・アンド・ビルドするような、プロジェクト型の組織形態を取り始めているということです。

もう一歩進んだ形としては、こういったプロジェクト型組織が社内だけにとどまらず、業界横断的に組成されているケースも増えてきています。たとえば、エンタテインメントの世界では、一つの作品を作るプロジェクトそのものが資金調達をし、各領域のプロフェッショナルを集め、有限期間で働き、作品の完成後に解散する、といったものです。

一度一緒に働いた仲間は、お互いの働きぶりや貢献度をよく知っているため、強い人脈として存在することになり、相互に他薦しあい、次も一緒にプロジェクトを推進していく、といったハリウッド的な循環ができてきている事例もあります。

「声が掛かる人材」になるためには「戦略的人脈構築力」が欠かせない

プロフェッショナル・ファームやエンタテインメント業界に限らず、日本でもプロジェクト型組織を導入する企業が増えています。私も、こうしたプロジェクトチーム作りをヘッドハンターとしてお手伝いする機会が多くなっています。極端な言い方をすれば、近い将来、**日本**

の多くの企業がアメリカのようなプロジェクト型組織になる可能性があるのです。

部門間の壁が低くなり、企業という組織の壁すらも低くなり、業界横断的な組織が目的ごとに作られていく形態になるのではないか、という将来仮説を私は持っています。

こうした状況は、会社の一部門が「ベンチャー企業化する」と言っても過言ではないでしょう。ここでいうベンチャー企業とは「新しいことに挑戦する」のはもちろんですが、「参考にできるビジネス例が少ない」「ネットワークやノウハウなどのリソース（資源）が少ない」「すぐに結果を出すことを求められる」といったニュアンスで考えてください。

プロジェクト型組織の中における部門の多くは、事業に前例がありません。さらに、資金調達に余裕がない場合も多く、コストを減らすために、社内の人的リソースの利用にも制限が掛かることもあります。場合によっては、部門のメンバーでさえ社外から調達しなければならないケースも考えられるでしょう。それでいて、短期間で収益を挙げることが求められるのです。

実際、インディペンデント・コントラクター（個人事業主）と呼ばれる組織に属さないコンサルタントなどを、「業務契約者」としてプロジェクト・メンバーに調達しているケースは、年々増加しています。

こうした状況は、従来の働き方から考えると「会社員、受難の時代」と言えそうですが、逆の見方をすれば、チャンスとも言えるでしょう。

プロジェクトのメンバーとなる人材は、学歴や名刺、肩書きに秀でた人、あるいは社内においてエリートコースに乗った人とは限りません。そこで選ばれるのは、ユニークな能力や実績を持ち、プロジェクトでの貢献をチームの他のメンバーに予感させる人です。

こうしたプロジェクトのメンバーに限らず、事業のキーパーソンも同様です。社内から起用される場合でも、従来の年次管理や昇格制度の順番を無視した、大胆な抜擢が当たり前に行われるようになっています。場合によっては、社外から招聘されることだってあるでしょう。

そういう意味では、一流企業に新卒で入り、人事部が用意したキャリアパスを一つ一つ積みあげてきたような人にとっては、いわば裏切られるような事態になりつつあるといえます。なぜなら、プロジェクトで期待されるアウトプットは、人事部が従来、社員教育に組み込んできたものではないからです。むしろ、それまで社内に存在しなかったスキルやノウハウが前提となっているのです。

こうした状況の中を生き残っていくために有効なのが、「**戦略的人脈構築**」なのです。

たとえば、新事業としてＷｉｋｉ（ブラウザを通してサーバ上のテキストを書き換える仕組み）を使ったビジネスを立ち上げるとします。しかし、最新技術を導入しようと考えても、既存の社内のシステム部門では対応しきれないこともあるでしょう。

そんなときもし、あなたが、システム部門には所属していないけれども、この技術に非常に詳しかったとします。プロジェクトのメンバーの誰かが、あなたが技術に精通しているということを知っていれば、「どの会社が信頼できるか」という提携企業選定の相談を持ちかけられたり、プロジェクト・メンバーそのものに誘われたりするという、抜擢の可能性もあるかもしれないのです。これは、ＩＴのような最先端の技術でなくても同様です。

プロジェクト型の組織の場合、「リソースがない」状況で事業を始めることが普通ですから、流通や販売、事業の収支を計算する管理会計、社員の良し悪しを判断する評価制度など、多くの仕組みが整っていません。組織としては虫食いのように〝穴だらけ〟になっているケースがほとんどです。

その穴を埋めるために、すべてのタスクを自分が実行できなくても構いません。たとえ外部の人材であっても、穴埋めのできる人を連れて来ることができればいいのです。もし自分が連れてきた人や会社が成功すれば、組織内での自分への評価も高くなり、「〇〇さんがいないとダメだ」「困ったら〇〇さんを頼れ」という人材になれるわけです。

なお、プロジェクト型組織は、ほとんどベンチャー企業のようなものですから、成功させるためには一定の苦労を伴います。しかし、そこで声を掛けてもらえることは、ローリスク・ハイリターンのチャンスでもあります。

会社を辞めて起業することには大きなリスクが伴います。もし事業に成功すれば「すべて自分の功績になる」というメリットがありますが、一方で事業の失敗によって、「明日からの生活に困る」「多額の借金を背負う」といった危険があります。

それが社内プロジェクトの場合、仮にうまくいかなかったとしても、全力を尽くした結果であれば、いきなり路頭に迷うことにはならないはずです。そして、ビジネスがうまくいけば、社内での評価が上がるのはもちろん、子会社化やスピンオフ、MBO（マネジメント・バイ・アウト）などの機会によって、若くして取締役に就任し、活躍のフィールドを広げるといった大きなリターンを得ることもできるわけです。

プロジェクト型組織の中で「声が掛かる人材」になるためには、そして参加後に組織内で活躍するためには、「良質の人脈」が絶対に欠かせないのです。

「ルーティン・ワーカー」と「クリティカル・ワーカー」への二極化

プロジェクト型組織の前提にあるのは、熾烈なまでの「抜擢競争」です。

組織は「より生産性の高い人材」「より効率的な仕組み」を志向します。事業の成功のために最適な人材を常に探し求めています。そして、少しでも「良いもの」を必ず選択・抜擢するのです。そして今、この抜擢競争は、国内だけにとどまらなくなっています。その背景には、情報インフラの発達により、世界がフラット化したことが挙げられます。あらゆる業務は組織や国境を越えて、世界中のビジネスパーソンの間で取り合うようになったのです。

ここで重要なのは、プロジェクトが新たに生み出す仕事のうち、**クリティカル（重要）な業務**は個人の名前で仕事をできるタレント（才能）が担い、それ以外の**代替可能な仕事**はマニュアル化されて、安く買いたたかれ始めるということです。

フラット化によって、マニュアル化された仕事が国境を超えた例をご紹介しましょう。

経営コンサルタントが、クライアントに対し課題解決の提案やアドバイスをする場合には、ご存知のとおり、パワーポイントなどで作成したチャートを使ってプレゼンテーションを行います。企業の経営課題を整理して、本質的な課題を抽出し、その解決策を数枚の図解にまとめてクライアントに提示するのです。

マッキンゼー時代の私の場合、簡単なチャートはもちろん自分で作成していましたが、込み入ったフレームワークの図解やグラフは、まずA４用紙に手書きで書いていました。クライアント向けにはパワーポイント化が必要なのですが、その手書きのA４用紙を東京オフィスの「プロダクション」という部門に依頼すると、翌朝にはパワーポイントを使ってきれいに清書されたデータが仕上がってくる仕組みになっていました。

図解やグラフの作成には時間がかかるため、それを専門の部隊が作ってくれるのです。清書を担うスタッフは東京オフィスにも常駐していましたが、時間帯や混み具合によっては、インドやイギリスにいる海外のスタッフが作業することもありました。

海外のスタッフが作業をするといっても、日本語で完璧に処理されていましたし、マッキンゼーのフォーマットに統一して作られていますので、誰が作っても均質なレベルの仕上がりになる、という仕組みだったのです。

こうしたことが、10年前にはすでに当たり前に展開されていました。マッキンゼーはグローバルファームということで取り組みが早かったともいえますが、今では多くの日本企業で、こうしたボーダレスな作業体制の環境整備が活発になってきています。現にコールセンターなどは中国などアジアに設置されるのが常識です。

年間3万人もの大学生がインターンシップに応募するという、「人材育成経営者」としても有名なワークスアプリケーションズ社長の牧野正幸氏は、このような、マニュアル化ができて、トレーニングによって再現性が担保できる仕事に従事する人を〝**ルーティン・ワーカー**〟と呼んでいます。その反対の言葉が〝**クリティカル・ワーカー**〟であり、新しく問題解決に取り組み、どんな形にしろ、ブレークスルーを伴う試みをする人たちと定義されています。

読者の皆さんの中には、自分はホワイトカラーで大企業に勤めているから、クリティカル・

ワーカーの側にいると認識する人もいるでしょう。たしかに、今のところはまだ競争にさらされないでいるかもしれません。けれども2〜3年後はどうでしょうか。

自分の担当業務が、実はマニュアルがあれば誰でも再現可能な業務だということがわかり、ルーティン・ワーカーの側に変わっているかもしれません。そうなれば、プロジェクトに声が掛かる、掛からないという次元ではなくなり、世界的な価格競争に肩までどっぷりと浸かってしまう可能性があります。

また、人が介在しなくても大丈夫なように、ITシステムで自動化されてしまう仕事すら出てきています。今、日々の仕事は**ルーティン・ワークとクリティカル・ワークに、大きく二極化しつつあります**。そして、それぞれの仕事の担い手が持つ市場価値の差は、どんどん拡大しているのです。

「クリティカル・ワーカー」は「他薦」で評価される

オリンピックの競技もそうですが、世の中には点数でバッチリ計れるものと、アーティスティックポイントでしか計れないものがあります。前者は資格や実績をもとに人材を探すことができますが、後者はそう簡単にはいきません。その世界の先駆者たちがポテンシャルを認めたり、仲間から推薦を受けたりしなければ、およそ見通せません。クリエイティビティや協調性といった評価は、定量化しにくいのです。

その点、クリティカル・ワーカーは、未開地の問題解決を行っているわけですから、評価の定量化が非常に難しいのです。したがって、**クリティカル・ワーカーがチャンスを得るときは、自己主張だけではチャンスは回ってきません。自薦ではなく他薦でなければいけないのです。**一方のルーティン・ワーカーであれば、1分間にPCで200字打てますといった技術を自分で実証できるため、自薦で大丈夫です。このように、2種類の仕事を獲得する方法は、まったく異なるのです。

すなわち、皆さんがクリティカル・ワーカーとして活躍する人材になるためには、良質な人脈を形成し、自分を高めつつ、他薦されるための情報を流通させる仕組みを意識しなければならないのです

私がヘッドハンティングの対象としている経営のプロ人材も、クリティカル・ワーカーの最たるものです。

候補者が自ら「人を動かせる人間力のある経営者だ」と自薦しても、その言葉は本人の力量を担保しきれません。「人の心の痛みがわかるし、そのときに合わせていろんなツールを使い

ながら、人を動かしていけます」といくら力説されても、無駄なのです。経験上、「自分は人間力があります」と自分からおっしゃるような人は、あまり信用できません。客観的に自己評価ができていない方の場合が多いようです。「人を動かすことができる人間力があるか」というような資質が問われるポジションの場合には、特に、他薦されなければ仕事が回って来ないのです。

ヘッドハンターは、まさにそうしたマッチングのお手伝いをする仕事です。そしてヘッドハンターとして経験が蓄積されてくると人の評価についてもある程度の直感が働くようになり、職務経歴書を見ただけでも懸念事項の仮説がくっきりと浮かび上がってくるものです。また、お会いした時にその仮説を検証するだけの質問力も養われてきます。さらに、幅広い人脈も構築できていますから、さまざまなリファレンス情報が日常的に入ってくる仕組みも持っています。

しかしながら、正直なことを言えば、候補者と一緒に働いたことがある、とか、仲間として共に成長してきた、という別のクリティカル・ワーカーからの推薦には、ベテランのヘッドハンターといえども勝てないのです。従業員からの推薦がある候補者(前職で元同僚だったといったようなケース)には、それだけの信憑性があるのです。

このような、プロジェクト型組織を前提としてメンバーを他薦するという動きは、エンターテインメントの世界では少し前から行われています。先にも述べましたが、その典型が映画の都・ハリウッドでのビジネスです。映画を撮るときに、プロデューサーのもとには、カメラマンや技術スタッフ、タイムキーパーに至るまで、プロ同士として尊敬し合えるような人材が他薦されていきます。これまで一緒に仕事をした人同士が、豊富な経験からその映画にあった人材を推薦し合い、プロデューサーが交渉をする、という仕組みです。特に競争の厳しい実力社会ですから、実績と他薦が絶対、という人脈社会の象徴のような業界とも言えます。

見方によっては、極めて排他的な業界です。だからこそハリウッドでは「最初のわらしべ」を作ることは、どの業界よりも難しいようで、南カリフォルニア大学のフィルムスクールなどで厳しい訓練を受けた人々も、積極的にインターンシップなどをやり、抜擢の機会を自分から仕掛け、何とか人脈の内側に入り込もうと必死で努力をしています。

組織の壁の低下と個人の復権

そして今、ハリウッドでは以前に増してビジネスの短命化が進んでおり、ＬＬＣのように一時的にプロ同士が集まるときに便利な仕組みがどんどん充実しています。そこでは、組織の看板は意味がなく、一時的に企業の名刺を持って働いているとしても、自分自身の個人の看板をどのように成長させていくか、実績を認め合うような関係を構築していけるか、が重要になっているのです。企業の利益を無視して自分を売り込め、と言っているのではなく、**自分の貢献がなければ、企業の名前だけでは抜擢してもらえない**、ということです。

私は、このハリウッド型の仕組みは、業界にかかわらず、組織の将来像を表している可能性が高く、研究に値すると考えて注目しています。日本国内を見ても、他薦された人同士がプロジェクト型組織を通じて意気投合し、次のプロジェクトには、さらに仲間を増やして大型のプロジェクトに対応する、といった事例が増えています。

コンサルティング出身者のようなプロフェッショナル型の人材の場合には、特にこの傾向が顕著です。特定の組織に属さず、個人事業主として働くけれども、相互に他薦をしあってプロジェクトチームを組み、大規模で多様な課題のプロジェクトにも対応していく、といった働き方をする人の数が、ここ5年ほど、私の周囲でも急激に増えています。

また、インターネット技術の発達により、CGM（コンシューマー・ジェネレーテッド・メディア）のように個人がメディア化することを後押しするようなツールもどんどん出てきています。そしてアルファブロガー、オールアバウトのガイド、著名なメルマガ筆者など、個人主権メディアにおける「カリスマ」という人々が「個人名」で活躍するようになっています。

社会起業家論で著名なソフィアバンクの田坂広志氏は、ご自身も「風の便り」というメールマガジンを約10万人に送信しておられますが、こうした動きを「草の根メディア革命」と呼んでおられます。

そして、すでに時代は「誰でも自由に情報発信ができる」という「草の根メディア革命」から一歩進み、アマゾンの書評のように読者の立場の「情報受信者だった人」が「情報発信者」となる「主客融合革命」が起きており、「一人の個人でも、大きなムーブメントを起こすことができるようになってきた」と分析されています。

私が最近、仕事を一緒にさせていただいている糸井重里氏の率いる『ほぼ日刊イトイ新聞』は、この「主客融合」の仕組みをすでに10年以上も実践されており、120万人もの人を巻き込んで作られるメディアとなっており、そこからいくつものムーブメントが起こってきています。

このように、私たちを取り巻くビジネス環境の変化から、個人事業主だろうが、どこかの組織に属していようが関係なく、**自分自身の「個人ブランド」を独自に展開することが可能となり**、一人の個人でも多くの人を巻き込んで影響力を持ち、大きな変革を推進することができるようになってきています。

先のライフネットの岩瀬氏の例でもおわかりのとおり、コンテンツを見た人からの抜擢があったり、アルファブロガー同士の相互他薦の上でプロジェクトでの共創があったり、ということが、現実に起きてきているようです。

自分メディアとは面白いもので、短期間のコンテンツであれば「自分を大きく見せる」といったこともできるかもしれませんが、長期間書き続けていると、人間性のようなものがどうしても染み出してしまうようです。

こうした人間性も観察しつつ、オフ会で知り合ったりすることで相互理解を深め、バーチャルだけでなくリアルの世界でも強い絆で結ばれた人脈へと昇華していっているケースも出てきているようです。こうした仲間同士が、一緒にプロジェクトを推進するといった事例も増えていますが、その多くは、現職の組織に属したまま、あくまでも個人の顔として他薦しあい、組織の壁を越えて、価値の共創を行っているわけです。

そして、こうした個人ブランドの強化によって抜擢される機会を獲得し、人脈スパイラル・モデルを実践するきっかけを得ている人も増加しているのです。

リファレンス文化の到来

ここでもう一つ、皆さんがあまり認識されていない変化について、指摘しておきたいと思います。それは、「**とうとう日本にも『リファレンス文化』が到来し、普及傾向にある**」という変化です。

「リファレンス」というのは、少し耳慣れない言葉かもしれませんが、英語で「参照・参考」を意味しています。そこから転じ、ビジネスの世界では、「同僚や取引先など仕事で関係のあった人に、その人の働きぶり、貢献ぶり、などについて客観的な確認作業をし、採用・抜擢の際の参考情報とする」ことを「**リファレンスをとる**」と呼んでいます。

人材市場の流動性の高いアメリカでは、重要なポストの人を採用したり、プロジェクト・メンバーに抜擢したりする際には、「必ず」といっていいほど、「リファレンス」をとることが習慣となっています。日本のヘッドハンティングの現場でも、クライアントの方から「リファレンス情報をとってほしい」と言われる件数が各段に増えてきています。また、私自身の所にも、元同僚などのリファレンス情報の確認依頼が、頻繁に来るようになってきています。

日本のリファレンス文化の普及が加速している三つの要因は、次のようなものではないかと思います。

①経営課題が多様化し、自分たちでは評価不能な人を採用する必要性が高まっている（業種、職種、経験、国籍）

②経営課題が複雑化し、経営知識に加え、人間力（胆力、人を動かす力、等）を確認する必要性が高まっている（属性情報ではなく文脈情報）
③経営課題解決が緊急化し、短いリードタイムの中で、意思決定する必要性が高まっている（じっくり時間をかけて人物評価できない）

前述したとおり、変革のため、異能な人材を抜擢し、採用する事例が増えてきています。レジュメ（経歴書）の属性情報と短時間の面接だけでは、人間力といった資質の部分については評価しきれないというのも、真実だと思われます。また、最近はプレゼンテーション上手だが、自己評価が甘い、という人が増えているというのも事実でしょう。

こうした影響の結果、人材の抜擢において手痛い失敗を重ねてしまっている企業も多いのが実情です。失敗からの教訓、という意味でも、経営の根幹を担うような重要なポストでは、もう失敗できないのだから、もっと客観的に評価をしたい、というのがリファレンス文化普及の理由です。

つまり、「本人と何らかの形で一緒に働いたことがある」人から、文脈情報を確認することによって、できるだけ多面的に評価をしたい、という、採用・抜擢する側の意識の表れだと思います。文脈情報とは、「どのような状況下で、その人はどのような行動をとったのか」というような、背景情報を伴った事例のことを指します。「10億円の利益を作った」といっても、誰もができるような状況だったのか、マイナス10億円からプラスに転じさせたのか、優秀な部下がいたのか、周囲の支援はあったのか、など、実績ができた環境がどうであったか、ということを確認し、他の局面でも同様の実績を再現することが可能なのかを確認したい、という思惑があるのです。

たとえば、再生局面にある企業などでは、変化は痛みを伴うケースも多く、新社長となる被抜擢者には、精神的にも修羅場の経験を強いることになるかもしれません。そうした状況が想定される場合には、胆力があるか、つまり「辛い局面でも逃げなかった経験があったか」、などがリファレンスで確認される項目になります。興味深いのは、必ずしも成功した実績だけが評価されるわけではなく、むしろ失敗から何を学んだ人か、ということが問われたりしている点です。

ビジネス界は意外に狭いもので、人脈はいろいろな所で複雑に重なっています。「悪い噂は、6倍速く伝わる」と言いますが、人間的に潔い生き方をしているか、などという評判は、意外に遠くまで伝わっているものです。

抜擢に「ある程度のリスク」はつきものですが、未然に認識できるリスクについては確認し、成功確率をある程度は高める努力をした上で、大胆に抜擢しようという傾向が強まっているような気がします。非常に本質的であり、良い傾向だと私は思っています。

3種類の「自分の理解者」を揃える

それでは、このリファレンス文化の普及は、「抜擢されるための人脈構築」にどのような影響を及ぼすのでしょうか。

結論から言うと、「人脈スパイラル・モデル」を、「より戦略的」に構築する必要性が増す、ということだと思います。

抜擢される際に、あなたの名前と経歴が抜擢候補者のリストに挙がっただけでは不十分なのです。推薦者が、推薦理由を挙げるとともに、一緒に働いたことがある人や、あなたの「貢献意欲×学習能力×結果を出す力」を知っている人など、**数名からのリファレンスがあれば、あなたが最適な候補者として抜擢される確率は、飛躍的に高くなる**のです。

三点測量法ではないですが、数名の推薦情報があれば、客観性が増し、成功確率が高そうだ、という理由の信憑性が増すわけです。

リファレンス文化の普及により、抜擢されることを目指す人は、次の3種類の「自分の理解者」を、人脈の中に埋め込んでおくことが必要になります。

①想起者

「抜擢の機会」の出現時に、タグを思い出し、自分を想起してくれる人

②ストーリーテラー

あなたのポテンシャルを信じ、意欲や現在の能力を適切に理解し、推薦理由のストーリーをあなたのコンテンツを交えて、意思決定者に説明してくれる人

③後援者

あなたのコンテンツ事例などを提示し、リファレンス情報で意思決定者を後押ししてくれる人

そして、これらの理解者を人脈の中に増やしていくためには、日々の仕事にプロとしてきちんと従事すると同時に、「人脈スパイラル・モデル」にあるような方法を使って、タグやコンテンツを相手に伝え、「**自分が貢献できるポイントを、相手に明確に理解してもらう**」という努力を実行していく必要が増しているのです。

同時に、自己評価がリファレンス情報とあまりにも差異があってはなりません。日頃から自

分の持つ人脈を鏡として使い、自分を客観視し、不足しているスキルや資質については能力開発課題として認識することも、このトレンドの中で非常に重要になってきています。

念のため申し上げておきますが、「人脈構築を意識するあまり、人の評価を気にしすぎて、のびのびと実力を出せない」となっては、本末転倒です。**自分の強み、弱みを適切に自己評価するすばらしいツールとして人脈を使う**、という意味だと理解してください。

「大量の人の名前と連絡先を知っている」といった「誰を知っているか」が人脈だと思っている「名刺コレクター」にとっては、リファレンス文化の普及は、人脈の中にいる人の「文脈まで深く知っているか（どのような働き方をする人かを知っているか）」が問われる時代になりつつあるだけに、確実に逆風と言えるでしょう。

一方、「人脈スパイラル・モデル」のような「本質的な人脈構築」をしている人にとっては、むしろ、適切な人脈を持っていることが他の人との差別化要因となり、「抜擢の機会」の確率が高まるという喜ばしい結果へとつながっているのです。

第2部

人脈スパイラルと人脈レイヤー

——抜擢される人の戦略的人脈構築モデル

第2部では、人脈スパイラル・モデル構築の具体的な実践方法を、ステップに沿ってご紹介していきます。

「自分ならどうだろう」「何が当てはまるだろう」という視点で読み進めていただければ、それが読者の方々自身の人脈スパイラル・モデル構築のケーススタディとなります。

STEP I

自分にタグをつける

人脈を広げるプロセスはブログのアクセス数を増やすのと同じ

「戦略的人脈構築」の重要性が、将来ますます高まるという予測の理由について納得していただけたところで、ここからは、「人脈スパイラル・モデル」構築の具体的な実行方法について、1章ずつ、ステップごとにご紹介していきたいと思います。

「抜擢される人脈」を作るプロセスは、実はブログを立ち上げ、人気ブロガーになる過程と似ています。

まず、他にないユニークなテーマ設定（人脈スパイラル・モデルの「タグ」設定にあたるもの）を行い、コツコツとコンテンツをアップしていきます。その後、自分と相乗効果が生まれそうな魅力的な他のいくつかのブログに顔を出し、お互いにコメントやトラックバックを残しながら、企画やテーマを共有して切磋琢磨していきます。

そうするうちに、だんだんとアクセス数が増えて「このブログはなかなかいいことを書いている」から、「この人は、このあいだ起きた事件に対してどんなコメントをしているのかな」といったブランディングの確立につながります。

やがて自分よりもさらにトラフィックの大きい著名ブロガーのブログに顔を出したりコラボ

レーションを申し出たりすることで、自分の情報がどんどん流通するように工夫していきます。

著名ブロガーに名前を覚えられるようになれば、さまざまなブログで引用されたり、紹介してもらえたりするようになり、その評判と推薦から、大きなチャンスが舞い込むようになるわけです。

この一連のプロセスの最初に行うべきことは、**「他にないユニークなテーマを設定する」**こと。つまり、他人から見て「自分が何者なのか」の訴求ポイントを明確にする作業です。

第1部の第1章でもご説明したように、本書ではそれを〝自分にタグをつける〟というように表現します。自分を想起してもらうためのキーワードが**「タグ」**です。「○○と言えば岡島悦子」と想起してもらえるようなキャッチフレーズを作ることを意味しています。

抜擢される人脈を作るには、まずは、自分を認識してもらう目印を作るという意味から、この「自分は何者か」という「訴求ポイント」を示す「わかりやすい」タグが非常に重要になってきます。このタグが抽象的すぎたりすると、相手は「この人とどのように絡んだらいいのかわからない」といった、接点を見つけられない状態になり、その場でスルーされることになりかねません。

「脳内検索」にヒットするくらいの具体的なキーワードのレベル感で、「私はこういう者です」と説明する目印が必要になるわけです。

I am Nobodyから脱却する

先にも述べましたが、私の場合のタグは、「『経営のプロ』を創出する人」です。「経営×人」「人的資本の支援者」「経営チーム組成」「成長の機会創出」「人脈のハブ」などもタグとして使っています。また、局面によっては、「再生とベンチャーに強いヘッドハンター」や「ファンドから信頼されるヘッドハンター」などのタグも使っています。

所属先の社名や肩書きの価値が相対的に下がってしまった現代において、「名刺」をタグにするのでは不十分です。よく初対面の自己紹介で「○○社の××です」と言ったきり、何も補足説明をしない人がいます。「○○社と言えば有名だし、入社するのも非常に難しいのだから、私が優秀だということくらいわかりますよね」といったことを言外に感じさせるタイプの人です。

しかしながら、今の時代、それだけでは不十分です。次の句は「それで?」ですし、穿った見方をする人がいれば、「ふーん、御社がすごいのは知っているけど、あなたはその中で何をやっているの?」「大きなプロジェクトに携わっているらしいけど、それは会社の看板ではなく、本当にあなたの実力でやっていることなの?」と、捉えられてしまう可能性があるのです。

勤め先の企業や肩書き以外に「自分」を規定するものがない状態を、私は「**I am Nobody（何者でもない自分）**」と呼んでいます。会社名という鎧を脱いだら、中身が何もない、という意味であり、素の自分では、その人脈コミュニティの中で価値を認識されない人、という状態です。この状態の人は、会社のブランドに対しての尊敬は得られるかもしれませんが、極端な言い方をすれば、個人としては**同じ看板を持つ他の誰かに「代替可能」**ということです。

残念ながら「誰でもない」状態では、人はなかなか思い出してくれないですし、声も掛けてくれません。

「社内でこのポストを獲得するには大変な努力をしたのに、どうしてそれを評価してくれないのだろうか」と思っている方もおられるかもしれません。しかし、ポストそのものが大事なのではなく、そこでどんな能力を持ち、どんな実績を出しているか、が重要なのです。会社の看板をはずしてしまったら同じ実績が出せない、ということであれば、それはあなた個人の実力ではなく、組織の実力なのです。

「がんばっていれば誰かが自分を見出してくれる」という可能性があることは否定しませんが、ビジネスの様式が日本型から欧米型に移り変わりつつある現在、個々人にアカウンタビリティ（説明責任）が求められており、「そのうち誰かが見つけてくれる……」と受け身でいることには、リスクがあるように思います。

誰かに抜擢されるには、1日も早く「I am Nobody」を脱却することが重要です。そのためには、「自分は何者か」を表すタグをつけて、能動的に動くことが最も手っ取り早い方法です。

タグは「Will」「Skill」「Value」の三つから考える

「タグをつける」とは〝仕事における自分〟の訴求ポイントを明確に規定し、相手にわかりやすく伝え、何かのときに思い出してもらうために印象づけることです。

では、自分のタグとは、どのように作成すればいいのでしょうか。必要性はすぐにおわかりになると思うのですが、自分を定義するのは簡単なことではありません。

すぐに取りかかれる方法として、私は三つの要素に分けて考えることをお勧めします。

タグ①将来、どんな仕事をしたいか（Will）
タグ②自分にできることは、何か（Skill）
タグ③相手にどんなメリットをもたらすか（Value）

①将来、どんな仕事をしたいか

まず、最初に必要なのは、タグ①の「将来、何をしたいか（志向＝Will）」です。

これは、はじめから完璧なものでなくても大丈夫です。特に、まだ若手と呼ばれる方々なら、「社会貢献性の高い仕事をしたい」「尊敬できる経営者の下で、参謀として働きたい」「世界に通用する人材になりたい」といったレベル感で充分です。

つまり、「**キャリアの方向性**」を示していればよいわけです。

キャリアプランを緻密に作り上げようと努力している方も拝見しますが、変化の速い現代において、そのために時間を使いすぎることはあまりお勧めできません。10年後には目指していた職業そのものが存在しなくなっているかもしれないからです。

キャリア理論を研究するアカデミックな世界においても、キャリア・デザインではなく、**キャリア・ドリフト（漂流）**という概念（キャリア計画を立て過ぎず、やりたいことだけを明確にした上で、漂流しながら実力を蓄積しておき、来たチャンスという波をしっかりと捉える）が主流になってきています。したがって、若手であれば、自分の心の声に従ったキーワードや方向性が示せれば、それで充分だと思うのです。

これまで私が耳にしてきた中で印象に残っているタグ①としては、たとえば、

「農業経営に革命を起こしたい」
「スーパーエンジニアの天国と言われる組織を作りたい」
「デザインという切り口で東京をモノ作りのメッカにしたい」
といったようなものがあります。こういったタグを聞くと、もっと話（コンテンツ）を聞きたくなりますし、そのうえで、誰かに「こんな人に会ってね」と自慢したくなります。

抜擢の局面では、多くの場合、推薦者は「この人ならできるかもしれない」という仮説に基づいて抜擢するか否かを判断します。たとえば、未経験の仕事であっても、「このチャンスはその人のアスピレーション（野望）と合致しているから、今まで以上に努力ができ、成果を出せるのではないか」、という仮説が持てれば、抜擢を行うわけです。

しかし「相手が何をしたいのかわからない」という状態では、仮説の立てようがありません。抜擢の場面で、推薦者に「そういえば、あいつはこんなことを言っていたな……」と思い出してもらうために、**「やりたいこと」をあらかじめ表明しておく**必要があるのです。

また、もし「いま自分ができること」に限定したタグしか表明していないと、仮に他薦を受けても、そのチャンスをきっかけに上のレイヤーへと昇っていくのが難しくなります。

たとえば「私はプログラミングをしたい」というタグだけだと、プログラミングの仕事でしか推薦されなくなるのです。極端な言い方をすれば、ずっと「君はプログラミングだけやってくれればいいから」という仕事に推薦されてしまうリスクがあるのです。

しかし、自分のタグの中に、「将来は全般的なITソリューションができるようになりたい」「現場に強いシステム開発者になりたい」といった希望を埋め込んでおくと、「じゃあ、次のシステム開発の案件は、あいつにやらせてみるか」となる可能性が高くなるわけです。

より望ましいのは「**やりたい仕事を手にするために、今どんな努力をしているか**」もあわせて話しておくこと。一言付け加えるだけで、真実味がグッと増します。

なお、「やりたいこと」を考えるにあたり、非常に重要なことは、「**自分との対話**」、つまり「**内省**」です。自分が本当に何を欲しているのか、というのは、自分でも意外に理解できていないものです。

ヘッドハンティングの現場で拝見していても、「自分が本当に何をやりたいか」ではなく、「何が人からかっこよいと思われるか」という、いわゆる認知欲求が先立って会社や仕事を選んでしまう人が非常に多いように見受けます。

しかしながら、経験上、認知欲求に立脚する意欲は、通常、3年くらいしか持続しないものです。人からかっこいいと思われる仕事も、3年くらいやっていると、仕事の中身が一巡し、新鮮味のあるチャレンジがなくなった頃に「あれっ、なんで自分はこの仕事をしたかったのだろう」と思い、モチベーションを維持できなくなったりするようです。したがって、自分の志向をタグにする場合には「自分の魂が震えるくらいのめり込めることは何か」「自分は何をするとワクワクするのか」という**自己実現欲求に立脚した意欲・アスピレーション**を突き詰めることが必要なのです。

内省する、という作業は、なかなか難しいものです。しかしながら、自分のタグに説得力を持たせるためには、「自分のタグ」を作る作業の中で、自分を突き動かしている原体験や価値観といったものは何なのか、ということを掘り下げる機会を作ることも、ここでお勧めしておきたいと思います。

②自分にできることは何か

次に大切なのがタグ②「自分にできること（能力＝Skill）は何か」を考えることです。言い換えれば、**自分のスキルセットを端的に表す「職能」は何か、**を考えることです。タグ①の「やりたい」だけでは、最悪の場合「口では何とでも言えるよね」とレッテルを貼られてしまう可能性があります。相手に「この人ならできそうだ」と思ってもらうためには、「やりたい」と同時に、「何ができるか」を明確に伝えなければなりません。言わば、推薦者が①をもとに立てた「この人ならできるかもしれない」という仮説を補強するために、「できること」を示すわけです。

タグは、あくまでも自分を表す「目印」ですから、「できること」を端的に表すキーワードと考えてください。具体的な実績の事例については、次章で述べる「コンテンツ」になります。ここでのタグは、アピールできる能力の要約版と考えていただければ良いでしょう。たとえば、私の場合であれば、「年間200人の経営者の相談に乗っている」ということは、できることでのタグです。一方、「某社の経営チームに3名を送り込み、2年でこのような効果が出ている」といった実績事例は、次のステップでご紹介する「コンテンツ」になると理解してください。

この「できること」のタグを作成する際には、これまでの職業経験をもとに考えていくとよいでしょう。「営業として、このような実績を出せる」「管理会計と財務が得意」などです。この時、実際に「A社のプロジェクトで新規顧客の開拓を一人で担当した」「以前、B社の営業部門に管理会計の仕組みを導入した」というように、具体的な**エピソードの「つかみ」**の部分を語ることが大切です。

ただし、タグの①と同様に、「できること」も完全なものでなくても大丈夫です。やはり若いうちはなかなかスキルが完璧には確立していないものですし、多くの場合、**人はあなたの実力（できる）だけではなく、「可能性（できそう）」に着目する**からです。

極端な言い方をすれば、まずは「○○をしたい」と宣言し、少しずつ実力を養いながら「実際に○○ができる」というレベルまで成長していけばいいのです。ですから、具体的なエピソードがなければ、「最先端のＩＴ技術を取り入れるのが得意」「経営者と打ち解けるのが早い」など、漠然とした「できること」を表明するだけでも構いません。ポイントは、他人に「この人は面白いものを持っていそうだ」と予感させることなのです。

③相手にどんなメリットをもたらすか

そして最後に、タグ③の「相手にどんなメリット（提供価値＝Value）をもたらすか」。

相手に自分のタグを見せるときは、「自分がいかにすごいか」「どれだけ役に立つか」「いかに自分の稀少性が高いか」を一方的にアピールするのではなく、**相手が受け入れやすい形に加工する**必要があります。

誰かがあなたを推薦するときのことをイメージしてみてください。

「○○さんは□□ができて、将来××の仕事をしたいと考えているそうです」。これだけでは、推薦された側が「じゃあ、ちょっと○○さんに会ってみるか」とは思ってくれません。20代であれば、若さや体力、やる気などに着目されることはありますが、30代以降になるとかなり難しいでしょう。

そこで、推薦者に「加えて、うちの会社にこんなメリットをもたらしてくれる可能性がありますす」と、最後の一押しをしてもらわなければなりません。

推薦者が、最後の一押しの決めゼリフを自ら考えてくれる場合もありますが、他力本願でいくよりは「たぶん、こんなメリットを提供できますよ」とあなた自身が付け加えたほうが、確率が上がります。

そこで重要になるのが、先にも申し上げた「販売促進」ではなく**「購買支援」の発想**です。ここで言う「販売促進」の発想とは、「こんなにいい商品があるので、ぜひ買ってください」というアピール方法のこと。一方の「購買支援」は、「いまこういうものを求めていませんか？　だったらこれがお勧めですよ」というやり方です。

両者は似ていますが、「販売促進」は主語が〝自分〟であるのに対して、「購買支援」は〝相手〟が主語になっています。ビジネスを進める上では両方の発想が必要ですが、他薦される人脈を作るためには「購買支援」の発想に重心を置いたほうがいいでしょう。

「経営管理全般ができます」というよりも、「成長企業のナンバー2として営業以外のすべての機能をカバーしてきたので、どんな企業ステージの課題にも柔軟に対応できますよ」というほうが、相手企業にとっての「お得感」をアピールできる、といった具合です。

「タグ」とは、あくまでも自分の訴求ポイントです。本来はこのタグ①～③の三つの要素のうち、他人と差別化できる、キラリと光る目印になるのであれば、どれをタグとして訴求しても良いわけです。しかしながら、この三つは相互に関連しているので、自分を最も端的に表す「タグ」を作るためにも、自分を棚卸する作業だと思って、まずは、志向・能力・提供価値の3セットそれぞれについて、自分を表現するフレーズを作ってみることをお薦めします。

この三つの要素のタグを懐に忍ばせたうえで、相手や状況を見ながら、選んだり組み合わせたりしていけばいいのです。

就職活動は最初の「自分ブランディング」

人脈を拡げるためのタグ作りとは、言わば「**自分ブランディング**」のことです。「こいつは面白そうだぞ」と予感してもらえるような見せ方ができれば、自らの市場価値を上げることにつながります。

そうは言っても「自分ブランディングなんて、そんなに難しいことは私にはできない」と思われるかもしれません。しかし、実はたいていの人が少なくとも一度は、自分のブランディングを経験しています。それは、学生時代の就職活動の時です。

皆さんもかつて就職にあたって、自己PRを熱心に研究したのではないでしょうか。実は人脈作りのための「自分ブランディング」は、就職活動の自己PRを考えるのに似ています。

通常、就職活動用の自己PRは二つのステップで作られていきます。

最初のステップは、**自分の特徴や売りの部分を〝言語化〟する**こと。次に、その特徴が、相手にとって魅力的に見えるようにパッケージングしたり、加工したりするステップです。たとえば、「自分はこういう活動をしてきて、こんな特徴を持っている。そして、将来は貴社でこんな貢献をしたい」といった具合です。

就職面接は「一緒に働けそうか」をお互いに判断する場です。双方ともに、多くの候補者（社）の中から選択してもらうために、さまざまな努力をします。

学生の側は30分～1時間という時間の中で面接官に強い印象を与えるために、「協調性がある」「リーダーシップがある」といった個人の特性をキーワードにし、端的なエピソードなどを話します。一方、会社の側は、新聞や自社ホームページに募集要項を載せる際に、「明るく楽しい職場です」とか「チャレンジする場を提供します」といった、「どんな会社か」を端的に表すキャッチコピーを考えます。

古い話になりますが、私も学生時代に、筑波大学の恩師の故・青木彰先生から、「大学生はとにかく原石、キラッと光るところが1ミリでも見えればいい。キラっと光らせろ」と言われました。いつも「おまえのキラッは何だ」と聞かれ、ゼミでもキーワード作りを指導されていました。

いま思い返すとお恥ずかしい限りですが、最終的に、私は「43カ国に何でも相談できる友達がいます」というタグで勝負しました。

私は高校時代、台北のアメリカンスクールで学んでいました。そこに43カ国の国籍の生徒がいたのです。また、実家が留学生を受け入れるホストファミリーの経験が豊富だったこともあり、先生に「そういったグローバルな原体験は面白いからアピールしなさい」とアドバイスをいただきました。

就職活動の場合、企業側も学生側も、「この仕事ができる人材が欲しい」「こういう会社に入りたい」と、具体的なイメージを明確に持っているケースはまれです。

では、お互いにどんなところを見ているのかといえば、会社の実績や個人の実力ではありません。キラッと光る何かがあるかどうか、そのポテンシャルを見抜こうとしているわけです。

私が新卒で三菱商事の面接を受けていたときの話です。青木先生のゼミで鍛えられたこともあり、私は面接で調子よくペラペラとしゃべっていました。1989年当時、女子総合職は狭き門で、総合職150人のうち女子は2人くらいしか採用しない、と聞いていたので、面接官の「こういう仕事もあるけど、できる?」といった質問にも「できます!」と答えていました。

しかし、根がお調子ものの私も、さすがに途中でちょっと怖くなって、人事部長にお会いしているときに正直に告白してみたのです。

「ウソをついたわけではないのですが、これまでの面接で、あまり根拠がないのに『できます！』と言ってしまいました……」

「いや、そんなことはわかってますよ（笑）。大事なのは意欲と、キラリと光る何かがあるかどうかだから。実力は時間を掛けて身に付けていけばいいんです」

と、人事部長はおっしゃってくださったのです。私は、このときに三菱商事に入社することを決めました。

極端な言い方をすれば、これはお互いに「買いかぶる」という行為です。その時点では「本当にできるのか」という綿密な証拠や実績はあまり重視されません。「この人なら、まあ大丈夫だろう」「この会社ならいけるかもしれない」という期待値で採用し、入社します。採用と入社のメカニズムは、お互いに「買いかぶって、抜擢する」こととといえるでしょう。

これは、就職する時だけでなく、誰かに抜擢される時もまったく同じ構造です。お互いに「買いかぶる」ためには、「**私は○○ができて、将来はこうしたい。そして、それはあなたに役立つはずだ**」ということを端的に示すタグが必要になるわけです。

仮にすごいポテンシャルを持っていたとしても、他人からみて、そのポテンシャルを応用したときの用途が何も見えない状況では、抜擢されることはありません。相手によってポテンシャルの伝え方を変えたり、場合によってはその用途を翻訳してくれる第三者を巻き込んだりすることが必要な場合もあるでしょう。

一番重要なことは、**抜擢する側、つまり舞台に乗せる側が何を考えているか**です。会社がお金を出したり、チャンスを与えてくれたりするときは、やはり合理的な背景が必要です。いわゆる大義名分です。

「私はこれがしたい！」「こんなふうになりたい」と独りよがりをＰＲしているうちは、よいタグはできません。肝心なことは、自分のビジネスの相手となる人たちの目線に立って考えることに尽きます。相手が推薦文を作りやすいような、わかりやすく、説得力のあるタグを提供すべきなのです。そして抜擢のチャンスが舞い降りそうな時には、相手に迎合するくらいの気持ちで相手の期待値に合致するようにタグの見せ方を工夫する（ウソではいけませんが）ということです。

それはまさに購買支援の発想です。自分を売り込むのではなく、相手が買うのを助ける姿勢が大切なのです。

「キャラ立ち」の達人に学ぶタグ作り

タグ作りとは、すなわち「自分の立ち位置を明確にすること」です。

他者との人間関係を構築するうえで、自分の役割やポジションをいち早くつかみとること、**「キャラ立ち」するポジショニングを取る**こと、と言ってもいいでしょう。

人間関係における役割といっても、たくさんあります。たとえば、「舵取りをする人」「リーダーに助言をする人」「場の空気を保つ人」「場の議論を活性化するため、あえて単刀直入な物言いをする人」「ちょっと珍しい背景を持った特異な人」など、さまざまなポジションが考えられるでしょう。

友人関係なら、どの役割を担うかが大切ですが、抜擢される人脈を作るためには、ポジション取りに加えて「一定の役割を担った上で、相手にどんなインパクトを与えられるか」が重要になってきます。

たとえば、元楽天の取締役常務執行役員だった吉田敬氏の例でお話ししましょう。

吉田氏は、32歳の時にリクルートを退職し、楽天にプログラマーとして入社し、その後、営業本部長（楽天市場事業責任者）、開発本部長、六本木ヒルズ移転の引越委員長、楽天球団初代社長、ポータル・メディア事業カンパニー社長を歴任されました。急成長する組織において要となるポジションで人と組織を育成する、ということを徹底的に実行され、楽天の急成長を支えてきた「アニキ」的な存在の方です。

この吉田氏は、ご自分のことを、あえて「**楽天の何でも屋**」と説明されていました。事業立ち上げや、時には火消し的な役割も担われ、楽天時代の8年間で、なんと22枚の異なる肩書の名刺を持つ八面六臂ぶりだったようです。（22枚の名刺がきれいに額に装幀されているのを見せていただきました！）。「楽天の何でも屋」「エンジニアでありプロデューサー」というのが、吉田氏のタグであり、「この人に任せれば、成長の痛みを抱えてバラバラになりつつある組織もベクトルがそろうだろう」とか「どんな事業も立ちあがるだろう」という期待値を、三木谷社長も社員の方々も持っておられたようです。

初対面で、楽天の常務執行役員から、「楽天の何でも屋です」と言われれば、「えっ」と思い、「もう少し話を聞いてみたい」と興味が湧きますし、誰の印象にも残るはずです。

私の知っているリクルート出身の方々は、どなたも、こうした「タグ」のつけ方が絶妙という気がします。リンクアンドモチベーション社長の小笹芳央氏は「私は究極の人たらしなんですわ」とお話されていましたし、オールアバウト社長の江幡哲也氏はリクルート時代「新規事業の立上げ屋」との異名をとっておられたそうです。リクルートは、昔からプロジェクト型に近い組織形態をとられてきた影響もあるのかもしれませんが、自分ブランディングが本当に上手な方が多く、これは企業文化の特徴ではないかと思っています。

吉田敬氏と最初にお目にかかったのは、4年前のベンチャー経営者向けのカンファレンスの場ですが、100名以上の方にお目にかかった中でも、とても印象に残っています。自分のビジネスを売り込む経営者が多い中、明らかに吉田氏のタグが「キャラ立ち」していた為です。優秀な人が集まる場所、そして競争が激しい場所では、どんなにポテンシャルがある人でも、その可能性だけでは集団の中に埋没してしまいます。何かのときに思い出してもらうためには、最初にインパクトを与えることがとても大切です。

ポテンシャルは、自分から行動しないと開花しません。どこかで誰かがそっと観察していて、「これをやってみない？」といきなり抜擢のチャンスを与えられることはまれです。

抜擢されるためには、自分でわかりやすいタグをつけてアピールすることが大切です。

上品にアピールするコツは「リマインド」

自己アピールというと「そもそも日本人は、プレゼンテーションとか自己主張が苦手なのでは」というイメージを持っている人もいらっしゃるかもしれません。

たしかに「能ある鷹は爪を隠す」とか「言わずもがな」といった言葉に象徴されるように、日本では伝統的に「主張しすぎない」のが美徳とされています。

私も、こうした奥ゆかしさは、日本人のすばらしい徳目の一つだと思っています。個人的にも、自己主張が強すぎる人は苦手ですし、アピールが強すぎる人は敬遠される傾向にあると思います。

しかし、どんなに粉骨砕身してコミュニティに貢献しても、周囲の人がそれを認識していなければ意味がありません。自分のしたことをアピールするのは、決して悪ではありません。

大切なのは、**過不足なく品よく主張する**こと。アピール〝しすぎ〟でも、また〝しなさすぎ〟でもいけません。

特にタグをつけるときに、自己主張が強すぎるのは問題です。たとえ誰かに推薦されても「あの人はちょっと……」とか「仕事はできるんだけどね～」と言われては次につながりません。最悪の場合、「目立ちたがり屋」とか「口だけはうまいヤツ」「風呂敷広げるのは上手なんだけれど」「あの人は評価欲求が強すぎて、ちょっと絡みづらいよね」と敬遠されてしまうでしょう。

実は、自己主張が強すぎる人が敬遠されるのは、日本に限った現象ではありません。欧米でも「俺はこんなにすごいぞ」と熱弁をふるい続ける人は、煙たがられるケースが多いのです。

ハーバード時代にも、一部の学生にそういう人がいました。

頭は抜群にいいし、行動力もある。それに家柄も立派なのですが、やけに気位と鼻っ柱が強く、誰彼かまわず論破しては「だから俺のほうが正しいって言っただろう」という態度をとるのです。

いわゆる〝優秀だけど嫌なヤツ〟です。

学生たちは「アイツは優秀だ」と認めつつも、「マチュリティ（成熟度）がない」とか「人間的魅力に欠けるよな」と陰で指摘していました。

日本に限らず、評価欲求だけが強い人は、仮にすごいポテンシャルを持っていたとしても、周囲からの尊敬を得られず、受け入れられないことが多いのです。

また、アピールが強すぎると、相手に「認めてほしいのかな？」という印象を与えてしまい、かえって、「インセキュアー（自分に自信がない人）なのではないか」というレッテルを貼られることもあります。

これは、卑屈になれということではありません。自分の価値を不当におとしめるのにも問題があります。謙虚と卑屈は違います。客観的な自己評価を持って、自分の貢献を説明することが必要なのです。適度に「こういう貢献をしています」と説明しないと「どうして貢献していることを説明しなかったの？」と言われてしまうのです。

では、どうすれば品よくアピールできるのかといえば、それは「**コミュニティに貢献しながら、それをさりげなくアピールする**」ことです。これができる人が、いわゆる「人気者」です。彼らがやっていることは、実に地味なことでした。

週に1回皆を誘って飲みに行く、アメフトの試合に欠かさず応援に行く、積極的にイベントを開く、小旅行の計画を立てる……。こうした小さなリーダーシップにおいて貢献を積み重ねながら、適度なタイミングで自然に「あのときは楽しかったよね」と話題をふるなどし、「そういえば彼の貢献のおかげで楽しい思いができたのだったな」とさりげなく自分の貢献を思い出してもらうのです。

人気がある人は、必ずといっていいほど、この**「リマインド（思い出させること）」がとても上手**でした。ハーバードのように、雑多な人種が集まる場所であれば、ちょっとやり過ぎなくらい、貢献度をアピールしなければなりません。あまりにあからさまなのは逆効果ですが、適度なリマインドは、貢献度の重要性が高まる日本の中でも、同様だと思ったほうがいいでしょう。

ビジネスにおいては、品格ももちろん大切ですが、それ以上に重視されるのが「この人と組んでメリットがあるか」という、いわゆるギブ&テイクの関係が成立するかどうか、です。実際に何かのギブがなければ、決してテイクさせてもらえません。

そこで買いかぶって抜擢してもらうためには、ある程度「○○さんは、こういう貢献をしているから、きっとこの件でも貢献してくれるはず」という印象を相手に与えなければならないのです。

これは、もちろん、相手にとっての短期的なリターンのことだけを言っているわけではありません。長期間をかけてでもいいので、タグが相手にとってのメリットが見える形で説明する、すなわち両者の間にはＷｉｎ－Ｗｉｎの関係が成立する、ということを予感させることが必要なのです。

自分のタグにおいて「私はこんなことやっています」とアピールするのは、自分の美意識に反するなぁと思われる方もいるでしょう。長くつきあっていれば、貢献やそのための努力は、黙っていても伝わるものだ、という考え方もあるでしょう。

しかしながら、時間の流れは緩やかではなくなってきています。また、年齢、性別、経歴、国籍などコミュニティの多様性も上がり、必ずしも暗黙の前提が通用する相手とばかり仕事しているわけではなくなってきていることも、厳然たる事実なのです。

水面下の努力といったものについては、なかなか対面ではアピールしにくいものです。こうした場合など、タグの背景となっているような事実を、ブログなどのメディアで淡々と発信しておく、というのも一つの方法でしょう。社員が社長のブログを読んで、社長の殺人的なスケジュールや、愚直な努力をしている一面を知って、はじめて社長の存在価値を理解した、というのと同じメカニズムです。

少し単刀直入すぎる話に聞こえるかもしれませんが、日本でもアメリカでも、そして世界中のどんなコミュニティにおいても、多くの場合、周囲の人は「どれだけその組織に貢献したか」をシビアに見ているものです。利害が絡むビジネスにおいてはなおさらでしょう。

とはいえ、そこで万人が目を見張るような、すばらしい貢献が求められているわけではありません。どこまで当事者意識をもって貢献について考えているか、そのために何をしているかといった「**コミットメント**」の強さを見ているのです。

大切なのは、まずその場にコミットすること。そして、それを相手に自然なかたちで伝えることです。

異業種交流会やパーティを「他流試合」の場にする

タグを考える時、アピールの過不足のバランスをとるのは、非常に難しいところです。そのさじ加減はどのように判断すればよいのでしょうか。残念ながら、これればかりは実際にやってみる以外に方法はありません。

そのためにお勧めなのが「**他流試合**」です。

「他流試合」とは、自分のタグを誰かに見せてみる、ということです。

深い内省によって「やりたいこと」や「相手へのメリット」を考えていくことは大切ですが、最後は、それがどれくらい相手に響くかをテスト・マーケティングする必要があります。

実際に自分のタグを相手に話してみて、その反応を見るのです。「ふーん、すごいね」で終わってしまったら、そのタグは失敗。逆に相手が「なるほど、たとえば具体的にどんなことを考えているの？」とか「それは面白いね。もっと話を聞かせて」と興味をもってくれれば成功です。

そこで相手からどんな質問をされたかを覚えておくことも大切です。自分に何が足りないか、相手に興味をもってもらうにはどんな伝え方をすればいいか。これは、**人に話してレスポンスを受けたときに、初めて錬磨される**ものです。

そのためにうってつけなのが、異業種交流会やパーティです。

いま人脈作りのパーティなどがもてはやされていますが、そこでやみくもに名刺を配ってきても、名刺のコレクションが増えるだけです。魅力的なタグやコンテンツがないところで人に会っても、名刺交換が終わればスルーされるだけでしょう。少し厳しい言い方になりますが、そんな状態で人脈デビューに励んでも、ほとんど意味はないのです。

私自身は異業種交流会などが苦手ですし、あまり意味を感じていません。それよりは、私の志向や関心事という文脈を共有している仲間からの紹介で広がっていく人脈構築のほうが、私のスタイルには合っています。

しかしながら、異業種交流会やパーティに、しがらみやお付き合いで出席しなければならない経験が、皆さんにもあるのではないでしょうか。

そういった時には、「自分のタグがどこまで通用するか」「どういう人に対してであれば刺さるのか」という「他流試合」の「場」と割り切ってパーティを利用する、というのが上手なやり方なのではないかと思うのです。

そういった場で自分のタグを披露してみると、ひょっとしたら、相手の心にあまり響かず、自分が「I am Nobody」であることに気付くかもしれません。ちょっと凹む瞬間ではありますが、そこに気づけるだけでも大変大きな収穫です。そこから改めて、自分をどう見せればいいか——自分ブランディングを考えていけばいいのです。

とはいえ、夢やビジョン、「自分が何者であるか」を示すタグを不完全な状態で人に見せるのは気恥ずかしいものです。私自身も、磨ききれていない、生煮え状態のタグを披露して玉砕したという苦い経験を何度もしています。しかし、それが致命傷になることはありません。最初から完璧なものを持っている人はいませんし、キラリと光るタグは、一朝一夕でできあがるものではないのです。

最終的に、たとえば、「一言自己紹介」や「エレベーターピッチ」のような時間の限られた機会においても、他人から「この人は面白いものを持っていそうだ」と予感してもらえるまでにタグを磨くことができれば、タグは完成です。そのためには、「**内省によって自分のタグを考える**」、そして「**誰かに話をしてその反応を見ながら、さらにブラッシュアップする**」という二つで訓練するしかありません。

自分が何者かを示す「タグ」を作る。これが、人脈スパイラルを巻き起こすための第一ステップです。

This chapter's review

タグとは、自分の訴求ポイント。

自分にタグをつけるには、まず「将来、どんな仕事をしたいか（Will）」「今自分ができるのは、どんなことか（Skill）」「それは相手にどんなメリットをもたらすか（Value）」の軸で自らを棚卸する。

タグは「キラリと光る」ユニークなキャッチフレーズで勝負する。

「購買支援」の発想で、自分のタグと相手の大義名分をうまく合致させる。

自らの貢献は周囲に過不足なくアピールし、タグの「リマインド」効果を狙う。

異業種交流会など他流試合で、自分のタグの「受け」を検証、テストマーケティングする。

STEP 2

コンテンツを作る

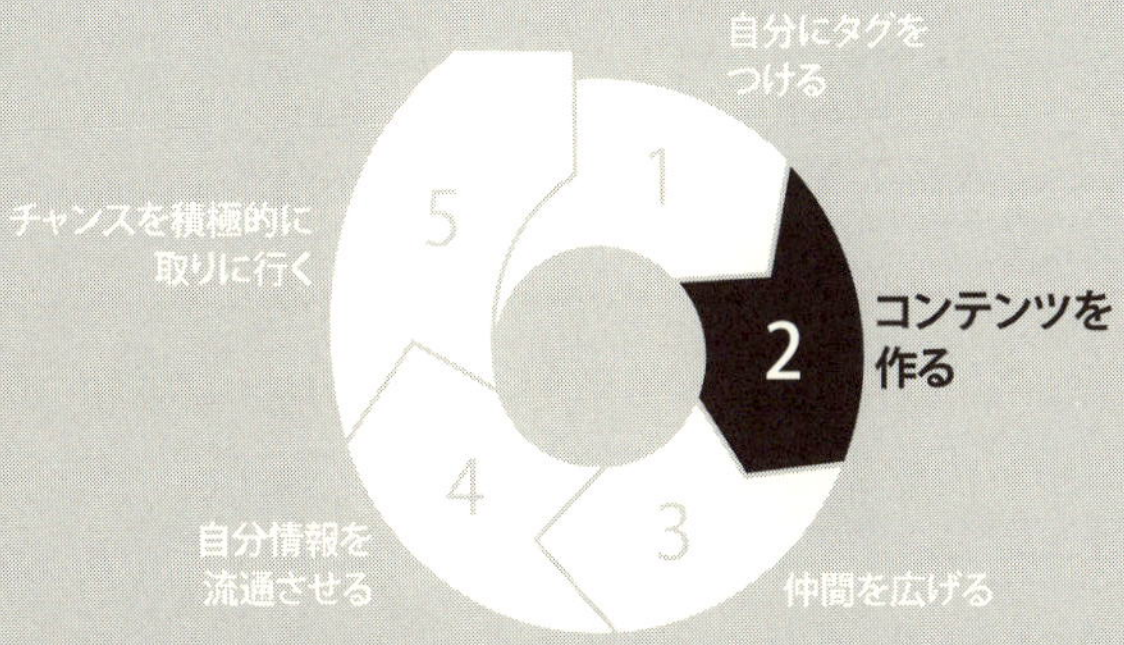

「コンテンツ」とは「タグ」の裏付け

自分のタグが決まったら、次にそのタグが「独りよがり」のものとならないように、「客観性」を加える必要があります。あなたの志向・能力・提供価値を表す「**タグ**」**の信憑性を増すエピソード**（**実績事例**）**が、ここでいう**「**コンテンツ**」です。「タグの裏付け証拠となる逸話」とも定義できます。事例や逸話ですから、業績数字などの成果に加え、どのような環境下でその実績を作ったのか、あるいは課題の難易度なども含め、コンテンツは、相手に「この人はスゴイ」と思わせる説得力のある内容であることが必要です。

たとえば、私の場合のタグの一つは、『経営のプロ』人材に機会を創出する」というものです。これに対し、コンテンツとは、「1000人の経営のプロ人材からの相談実績がある」とか「A社に7人の経営のプロを送り込み、経営チームを強化したことがある」といった内容の実績や、「VCやPEファンドの支援先の経営陣評価や新経営チーム作りに従事することによって、ポテンシャルは高いが経営の経験がない『経営のプロ予備軍』にも、経営実績を作る機会を毎年100人に提供している」といった現在進行形の取り組みなどが挙げられます。厳密に言うとこれらはコンテンツのテーマであり、実際のコンテンツの形態としては、どこで披露するかにもよりますが、実績の背景や難易度なども含めたエピソード全体のことを、ここではコンテンツと呼んでいます。また、コンテンツとは難易度の高い実績を紹介するものですから、数字などが入っていると、より説得力が増すものです。

「コンテンツ」とは、たとえ小さな成功体験であっても、あなたの訴求ポイントを裏付け、第三者が「なるほど、この人のタグは本物だ」と納得するような実績や事例のことを意味しています。タグに直結するようなコンテンツである実績を、**どのように表現するか（How）**も重要なのですが、まずは**コンテンツとなるような実績そのもの（What）**を作らなければ、説明のしようもありません。

したがって、このステップ②の「コンテンツを作る」では、コンテンツとして成立する実績とは何か、どのような成果を上げるべきなのか、についてご説明していきます。

「やりたい仕事」への固執はコンテンツ作りの弊害になる

前章では、タグを使って「やりたいこと」を表明することの大切さについて述べました。しかし、少し逆説的ではありますが、「コンテンツ」となる実績を作ろうとする時には、自分で作った「タグ」にとらわれすぎてしまうと「チャレンジができなくなる」という弊害があります。

たとえば、ふいに舞い込んできたチャンスが「自分のやりたいこと」と違った場合、タグにこだわりすぎると、せっかくの機会を逃すことになってしまいます。「人間万事塞翁が馬」の喩ではないですが、時として、コンテンツとなる実績を作れるようなチャンスは思わぬところからやってくるものです。そして、自分の目線が上がりきっていない状況の中では、チャンスの先に何があるのかまでを見通せないことも、よくあるのです。

大手企業からベンチャー企業に転職したEさんが、当初の期待とは違う形でコンテンツとなる実績を作成した事例をご紹介しましょう。

Eさんは大学卒業後、大手電機メーカーのA社に入社。営業を希望し、初年度から既存の顧客企業を担当していました。

明るく人懐っこい性格で、仕事ぶりもまじめなEさんは、すぐに顧客から信頼を寄せてもらうようになりました。5年後には1人で大口十数社を担当するようになり、営業成績は同期の中でもトップクラス。年間MVPの受賞記録もあり、会社から将来を嘱望されるなど、順調なキャリアを歩んでいました。

しかしEさんには入社当初から「新規顧客の開拓など、やりがいのある仕事をしたい」という希望があったのです。営業職として5年間の経験を積み、ある程度スキルも身に付いてきました。そこで、年度末の人事考課の面接で開拓業務への異動を願い出ました。

しかし人事部長の応えは「会社の経営事情もあって、今は既存顧客の囲い込みに注力したい。あと2年がんばってくれないか」というものでした。

そんなとき、取引先S社の社長が自社の社員を通じて、Eさんの話を耳にしました。S社はネット関連のベンチャー企業。ちょうど事業の規模拡大を考えているタイミングでした。

社長は、EさんがS社に営業に来たときに、

「うちの担当から聞いたのですが、Eさんは顧客開拓の仕事をやりたいそうですね。実は、新しい部署を立ち上げようと思っていて、ちょうどできる人を探していたんですよ。Eさん、営業マネジャーとして、うちでやってみませんか？」

と声をかけたのです。

Eさんは「やりたい仕事ができる」と転職を決意しました。S社の社長は、大企業での経験と人柄、そして何より意気込みを高く評価してEさんを営業マネジャーとして迎え入れました。新規顧客の開拓を任され、Eさんは見事に「やりたい仕事」を手に入れたはずでした。しかし転職して1カ月、Eさんは私に相談に来られ、

「社長は好きだし、S社という会社も面白いと思います。でも、ぜんぜんやりたかった仕事をさせてもらえないんです。いま、転職を考えています……」

と言ったのです。

詳しく事情を聞いてみると、Eさんの不満は「日々の経営管理資料の作成や、部下の面倒を見るといった業務に追われて、新規開拓の仕事に集中できない」ことでした。まさに、このままでは、自分が作りたかった「**コンテンツ＝新規顧客開拓での実績**」が作成できない、というお悩みです。

実は、Eさんのように、ベンチャー企業に転職した直後に再び相談に来られるケースは意外に多いのです。ベンチャーといえば、大企業と違って「やりたい仕事ができる」というイメージがあります。しかし実際には「やりたいことの前にやるべきことが山積み」なのがベンチャーなのです。

急成長した会社では、大企業に比べてヒト・モノ・カネといったリソース（経営資源）が不足しがちです。また、会社組織が確立していないため、職務範囲があいまいなケースが多いのです。そのため、部署の予実管理（予算と実績の管理）や人材育成、部下の評価などを、マネジャーが幅広く担当しなければなりません。Eさんの不満は、まさに「営業課長でありながら経理や人事、総務の仕事も負わされている」ということでした。

Eさんの会社選びは失敗だったのでしょうか。それとも「新規開拓をやってほしい」と言った社長は〝ウソ〟をついていたのでしょうか。

もちろん、どちらも違います。

Eさんは「新規開拓の営業をやりたい」というタグにとらわれるあまり、「20代で営業マネジャー」という大きな責任を持てるチャンス、そして「20代にもかかわらず人材育成を手掛け組織開発をした」「営業組織をゼロから立ち上げることに成功した」「経営管理も人事も総務もわかるマルチな営業マネジャー」という「**人と差別化できるコンテンツ**」をつかみ損ねるところでした。

なぜならEさんの本来のタグは「新規開拓営業の仕事をする」ではなく、「やりがいのある仕事に就く」ことだからです。

たしかに、S社で新規開拓の仕事に集中できるまでは、もう少し時間がかかるでしょう。ベンチャー企業で働くことは肉体的にも精神的にもハードです。しかしがんばってここを乗り切れば、経営管理や人事、総務も分かる営業マネジャーに成長しているはずです。

職務範囲の規定があいまいなベンチャーには、複合的な業務に携わって職域を拡げるチャンスがあります。また、リソースが少ない状況で結果を出せば「会社の力ではなく、Eさんが自分の実力であげた成果」という評価もまた、人と差別化をできるコンテンツになるでしょう。

結局、Eさんは転職を思いとどまりました。

その後、社内で少しずつ結果を出しながら権限を拡げていき、現在はS社の営業部長として新規開拓チームの指揮をとっています。現場に出て新規顧客のところへ営業に行くことは少なくなりましたが、成長期のベンチャー企業で人と組織をマネジメントするという「やりがい」と「コンテンツ」を手に入れることができたわけです。

「ギブ＆ギブ」からコンテンツは生まれる

もしEさんが途中でS社を転職していたら、どうなっていたでしょうか。

おそらく、せっかくの「コンテンツを作るチャンス」をふいにしてしまっていたことでしょう。最悪の場合「チャンスを活かせなかった人」「逃げた人」というレッテルを貼られて、次のチャンスをも失っていたかもしれません。

抜擢されるために必要なタグは、あくまでもきっかけを呼び込むための仕掛けであり、自分の方向性を〝仮に〟定める指針です。当然ながら、仕掛けや指針だけではうまくいきません。自分から能動的に動いて、舞い込んできたチャンスをつかみとり、コンテンツとなる実績を作らなければならないのです。

では、コンテンツとなる実績を作るために必要なものは何でしょうか。

それは**本質的な「ギブ&テイクの精神」**です。

もしコンテンツを作れそうなチャンスを得たら、いきなり「自分のやりたいこと」を実行してはいけません。まずは、相手に**「自分の可能性や価値を認めてもらう」「相手が求めていることに100%で応える」**ことに重点を置きましょう。

ビジネスの世界における大原則は、ギブ&テイクです。「やりたいこと」をテイクするためには、まず「求められていること」をギブしなければなりません。そのうえで、少しずつ仕事を自分の「やりたいこと」に引き寄せていくべきです。

しかも中途半端な「ギブ」ではいけません。**「ギブ&ギブ。ずっと後になってからでもいいから、何かテイクできればラッキー」**くらいの気持ちが必要です。

さらに「ギブ」を続けたあとに、途中で「私はこんなにがんばっているのに!」とクレームをつけるのも厳禁です。相手に「いや、あなたはがんばっているというけど、まだ足りないんだよ……」という心証を与えかねません。努力していることをアピールしていること自体が、全体像が見えていないという目線の低さを露呈した、と見えてしまうのです。クレームは、かえって逆効果になってしまいます。

また、「これは違う」「本当はあっちの仕事をしたかった」と考えながら仕事をするのも論外です。どこか集中力のない状態は必ず相手に見破られてしまいます。それでは、あなたの価値や可能性を認めてもらう以前に、信用されなくなってしまいます。

大切なのは、まずは「やりたいこと」にこだわらず、相手の期待値に応えること。そのために、少し泥臭いくらいにがんばり、**結果を出し、信頼を勝ち取ることです。**

これは若いうちであればなおさらでしょう。最初の段階で出せる成果はそれほど大きなものではないですし、ユニークなコンテンツとなる実績は一朝一夕に手に入るものでもありません。

加えて、「やりたいこと」に固執していると、それ以外の可能性が見えなくなるという弊害があります。場合によっては、自分でも気付かなかった適性や才能を発見し、新しいタグやコンテンツを作成できる機会を得ることもできるのです。

やりたいことに固執した結果、コンテンツを作成するチャンスを逃すだけならまだしも、仕事にチャレンジする姿勢がなくなって、「あいつは若いのに意欲や元気がないねえ」と、活力や広がりがない人というレッテルを貼られてしまいます。

これでは、せっかくのチャンスも無駄に終わり、コンテンツを作成する機会を永遠に失うことになってしまいます。「がんばる」という言葉には、旧態依然としたネガティブなイメージがありますが、実は意外に大切なことなのです。

一番最初の〝わらしべ〟を手に入れる、たった一つの方法

チャンスとは1回限りでは意味がないものです。相手が「今回はこれができたから、次はこっちをやらせてみようかな」と思ってくれて、初めて価値が出るのです。言うなれば、抜擢される人脈力は、第1部の第2章でもお話しした、昔話「わらしべ長者」のようなものです。

「わらしべ長者」は、ある貧乏な男が物々交換によって大きな幸せを手にするおとぎ話です。男は、最初は1本のわらしか持っていませんでしたが、偶然の出会いと需給バランスに基づいた交換によって、わら↓みかん↓布と、どんどん持ち物の価値を高めていき、最終的に大きな屋敷と幸せな家庭を手に入れます。

仕事においても同様です。最初は小さな成功体験――あまり価値がないように思える「わらしべ」でも、その小さなコンテンツを上手に使うことによって、少しずつ大きな成功に近づけていくことができるのです。

では、その小さなコンテンツを手に入れる方法とは何でしょうか。

それは小さな成果を結実させるように、まず目の前にある仕事を「**がんばる**」ことです。「がんばる」とは、「わらしべ長者」でいうところの、最初の「わらしべ」を手にするプロセスです。

そしてこの最初の「わらしべ」とも言える小さな実績が、あなたにとっての最初のコンテンツとなるのです。

目の前の仕事やチャンスに対して真剣に打ち込めば「この人なら、こっちの仕事もできるかもしれない」という「信用」につながります。そして何より「**がんばる**」**という**ある意味で**愚直な反復を繰り返すことで「実力」が付き、結果という大きなコンテンツに結びつく**のです。

市場価値は「能力×実績×意欲」で評価される

では、どの程度のレベルの実力だと、コンテンツとして成立するのでしょうか。またそもそも、実力とは何か、どのような軸で評価されるのでしょうか。

私はヘッドハンターとして日々、「経営のプロ」人材の実力の客観的評価を行っています。経営者に代わって候補者の方の目利きを行い、実力を評価し、市場価値を算定するのです。評価の軸は無限にあります。対象となる課題によっても評価軸の優先順位は異なります。企業の置かれた経営環境や経営者との補完関係などによっても、評価の軸は相対的に変化します。

しかしながら、私は経験上、実力、すなわち、その人の市場価値とは、「能力」「実績」「意欲」の三つで構成されていると考えています。あえて公式のかたちにするなら、

市場価値＝能力×実績×意欲

です。そして、この三つの要素のそれぞれが、あなたのコンテンツなのです。

私の場合には、「経営のプロ」の方々のコンテンツの評価をしているわけですが、求められるレベル感こそ異なるものの、この三つの要素は、どのようなビジネスの現場でも求められるコンテンツなのではないかと思います。

タグ同様、どの要素をエピソードとして抽出し、コンテンツとして用意しておいても構いません。ただし、市場価値の公式は、すべての要素の「積」となっているわけですから、抜擢の機会によっては、三つの要素すべてのコンテンツの素晴らしさを求めているケースもあり得ます。したがって、何か突出したコンテンツを今すぐ思いつく、という人以外は、まず三つの要素それぞれにおいて、自分がどのようなコンテンツを持っているのかを棚卸してみて、コンテンツとしてのエピソードを抽出してみることから始めることをお勧めします。

それぞれの要素でコンテンツとして求められているものは何かを、一つずつ、見ていきましょ

う。

コンテンツの要素① 能力

「能力」とは、具体的な知識やスキルのことを指します。これは業務を通して習得したり、ビジネススクールやビジネス書などでも身に付けることができます。いわゆる経営知識、論理思考力、分析力、コミュニケーション能力、リーダーシップ力などが、これに該当します。

この「能力」は、勉強やスポーツと同じように、地道な反復でしか身に付けることができません。本来は業務を通じてすべてが学べれば最適なのですが、基礎的な経営知識については、ビジネススクールやビジネス書を読むといった「お勉強」によっても、能力を向上させることが可能です。

106ページで、タグ②「自分にできることはなにか（Skill）」についてご説明しましたが、タグがキーワードだったのに対し、コンテンツの「能力」では、保有している能力をより具体的に説明し、その知識やスキルをどのように構築してきたのか、どのような場面で使えそうかなど、事例を交えて説明する必要があります。

もちろん、マネジメント・レベル（職位）によって、求められる「能力」は違います。たとえば、ジュニア・マネジメントであれば、個人としてP／L貢献能力（スキル＋知識）、ミドル・

マネジメントであれば、チームとしてのP／L貢献能力＋人材育成能力、シニア・マネジメントであれば、事業としてのP／L貢献能力＋組織開発能力＋事業のB／Sマネジメント能力、が求められます。

ですから、コンテンツとなる「能力」は、自分のマネジメント・レベルに応じた知識やスキルを保有していれば良いということになります。

ところで、経営知識ということで言えばＭＢＡで学べば、少なくともシニア・マネジメントレベルで求められる「経営知識」については、習得しているはずです。しかしながら、ここで問題なのは、**知識として「知っていること」と、その知識を適切に「使える」ことの間には大きな違いがある**ことです。たとえば、戦略のフレームワークを知っているだけではもちろん意味がなく、そのフレームワークを適切な時に使って分析ができ、適切な戦略案を構築できるというのが、「コンテンツ」に求められるレベル感なのです。

残念ながら、本やビジネススクールで学んだことを、使う実践の場がなく、「使う力」が磨かれていない方も多いように見受けます。「実践する機会はなかったようだが、能力は保有しているらしいので」という「触れ込み」のコンテンツで抜擢された方が、いざ実践の場では、実は能力がさびついていたり、「ＭＢＡごっこ的な能力（知っていたつもり）」を振りかざし、抜擢の期待に応えられない、という厳しい現実もあるようです。

ファイナンスの知識やスキルがある、といったような「能力」をコンテンツにする方の場合には、「自分は本当にその能力を使う力があるのか」ということも自問自答したうえで、コンテンツへと作成していくことが必要です。

コンテンツの要素② 実績

「実績」は、仕事の中でしか得られないものです。いわゆる、コンテンツの要素①の「能力」をどう「使って」結果を出したか、という事実のことです。

「経営のプロ」と呼ばれる方であれば、「前任者までは赤字だった部門を、年間○千万円の利益水準まで1年間で改善させた」とか「×××人のチームマネジメントをして新規事業を立ち上げた」といった定量化できる実績、しかも難易度の高いことを達成した実績が、コンテンツに必要となる実績です。

しかしながら、若い方であれば、「○○のプロジェクトでリーダー的な役割を果たした」「××をするときにこんな貢献をした」といった経験で充分です。

ヘッドハンティングの現場で若い優秀な方とお会いすると、コンテンツの要素①の「能力」、つまり知識やスキルについては充分だけれども、その知識やスキルを実践で使って、成果を出した経験がほとんどない、という方をよく見かけます。いわゆる「頭でっかち」で「わかる、と、できる、とは違う」と言われてしまうタイプです。

しかしながら、コンテンツとなるような「実績」というと、それこそこの本のテーマである「活躍の機会を獲得」しないと得られないものです。実績を作る機会に恵まれていない若手の方は、どうすればいいのでしょうか。

若手の方の場合には、コンテンツとなる「実績」はどんなに小さなものでも良いですし、実績途上のものでも、失敗体験でもいいのです。要は「○○さんなら、これができそうだ」と、「できる」でなくても「できそう」と相手に予感を与えることが重要なのです。

「聞くとやるとは大違い」ということを知っている、人を動かす大変さや修羅場の大変さを知っている、失敗から学ぶ学習能力が高い、など、あなたが今後大きな実績を作れる人材に成長しそうな確率が高い、というストーリーを相手が認識できればいいのです。

ですから、場合によっては、**コンテンツとなる「実績」は成功体験でなくてもいい**のです。仮に思わしくない結果に終わった経験でも、「そこで何の役割と責任を担ったか」「どんな努力をしたか」「経験を通して何を学び取ったか」などを相手にわかってもらえれば、それは充分プラスの判断材料になります。

人に誇れるようなコンテンツを作る、というと、「成果を上げなければならない」というイメージがありますが、若手の場合には、実は具体的な成果がそれほど重視されないケースも多いのです。逆説的ですが、多くの人は**実際の成果物や成績の優劣よりも、逃げない姿勢や、失敗から学んだことを次に活かす能力に対して信頼を寄せてくれる**ものです。

コンテンツ要素③　意欲

コンテンツの要素の最後となるのが「意欲」です。これは「Commitment（コミットメント）」と言い換えてもいいでしょう。Commitment は、直訳すると「委任・約束・責任」などの意味ですが、ここでは「**目標を共有し、その達成のために努力すること**」というニュアンスで考えてください。

実力を身に付けるときは、つい能力の向上や成果を出すことに意識が向かいがちですが、意外にコミットメントの感覚は大切です。実は、推薦する側にとっても「過失なく仕事ができるけれど、こじんまりとまとまってしまった人」よりは、「多少荒削りだけれど、その業務や課題に思い入れが強く、やりぬく姿勢を持っている人」のほうが「化けて（＝予想以上に大きく成長して）くれる可能性」を感じさせるため、抜擢する動機につながりやすいのです。

このコンテンツの要素「意欲」は、前章でタグ③としてご説明した「将来何をやりたいか（Will）」と同じ意味ですが、タグと違いコンテンツの「意欲」の場合には、その意欲の背景となっている**原体験や使命感などのエピソードが説得力の勝負**になります。当然のことながら、深く内省した結果から導き出されているような意欲でなければ、熱い想いで語ることはできず、人を動かすことにはつながりません。

たとえば、「日本の医療システムを構造改革したい」というタグを持っている方であれば、自分や自分の家族が患者となった時の原体験や、課題認識などを、わかりやすく具体的に語ることができれば、その「意欲」がコンテンツとして成立するのです。

コンテンツの要素②の「実績」と違って、意欲の場合には、「できるかどうかわからない」人が、「でもやりたいんです」ということで説得していくコンテンツになるのですから、コンテンツのレベル感としては、「本当にやりたいの？」「なぜ？」という質問が、相手から繰り返されることを覚悟し、「可能性にかけてみたい」と相手が強く思ってくれるような、ある意味「熱いコンテンツ」に作り込む必要があります。

コンテンツ作りに不可欠な「ビジネスの心肺機能」とは？

現代は、とかく「ムダ」を嫌う風潮が強いように思います。たしかに効率的に仕事をするのも大切です。しかし効率アップにとらわれるあまり、当初の大きな目的を見失っては本末転倒です。

ビジネスにおけるコンテンツとなるような「**実力**」**は、効率化だけでは手に入れることができません**。ときには目の前の仕事に一心不乱に打ち込むことも大切です。特に「抜擢される人脈力」を身に付けるには、「転ぶまで走る」くらい徹底的にやりぬく気持ちが必要です。

もっとも、ただ「がんばる」「転ぶまで走る」というと、いわゆる体育会系的な〝根性論〟というイメージがあるかもしれません。「どんなに苦しくても、身体に鞭を打ってがんばる」「つらいことがあっても泣き言をいわずに、ただただ耐え忍ぶ」……。仕事において、こうした〝精神論〟はとても非効率なことに思えます。問題に直面したときに、根性や意志の力だけで何とかしようとするのは、あまり科学的ではありません。ビジネス上では、歯を食いしばったところで何ら本質的な解決にはならないこともあります。

では「がんばる」ということには意味がないのでしょうか。

私は、コンテンツとなるような実績を作るのに必要な能力の中には、がんばることでしか手に入らないものがある、と考えています。それは、「**ビジネスの心肺機能を鍛える**」ことです。

ここでいう心肺機能とは「**集中力**」や「**根気**」「**粘り**」などです。長期間にわたるプロジェクトや、丸1日かかる会議、3日以内に完成させなければいけない企画書・提案書の作成など、仕事を進めていく上で「集中力」や「粘り」が求められる局面は多々あります。ここで「がんばる力」がないと、プロジェクトや会議を成功させたというコンテンツはできません。

「これ以上やるのは精神的にも肉体的にもつらいけど、もうひとがんばりしよう」という気持ちを下支えするのが**「ビジネスの心肺機能」**です。誰もが抜擢したくなるような優れたコンテンツを持っている人は、必ず、この心肺機能が発達しています。

たとえば「結論が出るまで考え続ける」「いい解決策を見つけるまでブレストを続ける」「相手を説得できる企画書をA４一枚に凝縮する」ために、極端な言い方をすれば、寝食を忘れるほどに仕事に没頭するのです。仕事に真正面から向き合う、相手と四つに組む、最後の最後まで粘る……。成功を収めた人ほど、根気よく仕事に対峙する精神力を持っています。

心肺機能は、残念ながら一朝一夕で身につけられるものではありません。「日々の仕事や目の前の仕事に、そのつど全力を尽くす」という積み重ねでしか鍛えることができないのです。

たまに「今の仕事は好きなことじゃないから、なかなか本気になれない。でも、本当に好きな仕事に就けたら全力でやる」という若い転職希望者がいます。「本当に好きな仕事につけたら……」と言い続けて、仕事を転々としたり、「今はエネルギーをためておこう」という言い訳をして「まあ、このくらいでいいか」「こんなものだろう」と全力を出し切って仕事をしない人です。しかし、それでは、仕事の精度が上がりません。周囲には「あの人は本気でやっているのかな」「本気でやっていてあの程度の能力なのかな」と見えてしまいます。

これでは、なかなかチャンスが舞い込んできません。

アスリートがそうであるように、日々のトレーニングでまじめに練習していない選手は、本番で実力を発揮できないですし、なかなか試合に出してもらえないでしょう。

この原則は仕事でも同様です。人間の身体は不便なもので、普段から「がんばって」仕事をしていないと、いざというときに筋力を発揮できないのです。

体育会系的な根性論といえば、つい「旧態依然としている」「効率的でない」とバカにしがちですが、何もデメリットだけではありません。ビジネスの基礎体力ともいえる「集中力」や「粘り」「困難に負けない精神力」は、泥臭い努力の積み重ねや愚直な反復でしか手に入れられないのです。そして、高い心肺機能を持っていることは、抜擢につながるような「コンテンツ」となる実績を作るための必須条件なのです。

「ビジネスの心肺機能」を鍛える三つの方法

しかし、ここで厄介なのが、ただ「やみくもにがんばる」「がむしゃらになってやる」だけでは、なかなか心肺機能が鍛えられないことです。

かつて、後輩に「私は、こんなにがんばっているのに評価されないんです！」と言われたことがあります。たしかに彼女はとても優秀で、業務時間中わき目もふらずに一生懸命やっています。与えられた仕事を効率的にこなしていて、ミスもほとんどありません。

しかし彼女の上司からは、それほど評価されていませんでした。その評価は、他の同僚からも同じで、「彼女は自分の仕事だけに没頭している」「周りの人が大変なときに、助けてくれない」と感じていたのです。

私の目から見ても、彼女はすばらしい人材だと思っていましたが、彼女の提案書や企画を見るたびに、「よくできているけど、あと、もうひとがんばりすれば、さらにいいものになるのに……」と何度も思ったものです。

彼女は決して手抜きや、中途半端な仕事をしていたわけではありません。しかし、最後の何かが足りなかったのです。いま考えれば、彼女には、たとえば「最終成果物をもう一段レベルの高いものにするにはどうすればいいか」と自ら考えぬくような、最後の一押しをするためのの「心肺機能」が少し不足していたのかもしれません。

自分が「どれだけがんばっているか」を判断するときは、主観的な尺度を用いがちですが、上司の感覚でいう１００％と、部下である彼や彼女が考える１００％が乖離していることはよくあります。そこで「自分はこんなにがんばっている」と押し付けても、本質的な問題解決にはならないですし、心肺機能を鍛えることもできないのです。

上司の見ている風景と、部下に見えている風景は当然違うものです。私もグロービス時代、15人の優秀な部下を育成していましたが、自分と彼らの見えている風景の違いに時々驚き、コミュニケーションの限界を痛感した覚えがあります。

では、コンテンツを作る必須条件となるビジネスの心肺機能を高めるためにはどうすればいいのでしょうか。

私は、ビジネスに必要な心肺機能は、ある一定の条件のもとで高まると考えています。その条件とは、大きく三つあります。

①「脳に汗をかく」くらい頭を使う
②ビジネス上の修羅場を経験する
③自分の名前で仕事をする

三つの条件は、すべてそろっている必要はありません。どれか一つの条件下でも心肺機能は発達していきます。そして、高い心肺機能が、実績となる良いコンテンツを作りだす基礎となるのです。

①「脳に汗をかく」くらい頭を使う

これはマッキンゼー時代に実感したことです。脳に汗をかくとは「とことんまで突き詰めて考える」ということです。それは、アイデアや知恵をアウトプットするときに、**結論が出るまで最後の一絞りまで絞りきるような感覚**です。

私がマッキンゼーに在籍していたころ、会議で発言しない人は「透明人間」と呼ばれていました。「発言しないなら、あなたは透明人間と同じだよ。いなくても同じだから、出席しなくていい」と言われるのです。しかし「何か言わなくては」と不用意な発言をすると「それから?」とか「なるほど、それで?」と深く追及されます。ここで「いや、それだけなんですけど……」では、当然不充分です。発言するときには、短時間で物事を多面的にとらえ、かつ深掘りしながら思考していかなければならないのです。

私は、マッキンゼーで先輩や上司に「それで?」と追及されるたびに、いかに自分が考えているようで物事の表層しか捉えていなかったかを痛感しました。しかしそのおかげで、何かを考えるときに、「どこが突っ込まれそうか」「何か抜け漏れはないか」「多面的な視点で見ているか」などを気にしながら、短時間で一気に思考を深めるという習慣が身に付きました。

それ以来、「考え抜く」ということが、さほど苦にならなくなったのです。

②ビジネス上の修羅場を経験する

コンテンツ作成に必要な高い心肺機能を作るための二つめの条件は「ビジネス上の修羅場を経験する」です。

修羅場とは、肉体的にも精神的にもヘトヘトになるほど仕事をした経験のこと。修羅場を経験すると、後日に「あのときに比べれば、まだマシだ」と精神的にタフになれます。ある種、野蛮なやり方に見えますが、「つらい時期を経験しておく」ことは、実は意外に大切です。

私はグロービス経営大学院でリーダーシップのクラスをお教えしています。アカデミックの世界でも、「リーダーシップは、修羅場での経験などある一定の行動をとることで、育成可能である」、という「行動理論」という理論があります。学者の人々によっても、修羅場経験の大切さは証明されているのです。

私の場合も、グロービス・グループで、グロービス・マネジメント・バンクという経営人材に特化した人材紹介会社の社長を3年間務め、そこでの厳しい経験が自分を精神的に強くし、いま現在の大きな財産になっていると思っています。

優秀ではあるものの、経営も人材紹介も未経験という若手のスタッフたちを抱え、グループのブランディングにも寄与しながら、親会社から独立した利益体質の会社を作る、というのが、私に与えられたミッションでした。同社の第二創業です。

経験のある中堅層が抜けて若手中心のメンバー構成になったこともあり、メンバーはなかなか結果を出すことができず、ハードな仕事の中で社員のモチベーションを保つのは大変なことでした。また、結果が出たとしても、入金までのリードタイムの長いビジネスなので、経営者としては資金繰りも大変でした。

そんな中、クライアント企業や候補者の方々からは私たちの付加価値を認めていただいているのだから、「自分たちがやっていることは正しい」とチームメンバーにも信じさせ、結果を出させていかなくてはなりません。それは、自分一人で結果を出すことよりもずっと大変ではありましたが、同時に、充実感もありました。

何より、社長がぶれては全体もぶれてしまいます。「自分たちのやっていることは本当に正しいのか」と不安にさいなまれる時もあったのも事実ですが、「とにかくやっていることを信じて、結果が出るまでやり続ける」ということを貫いたおかげで、精神的にも強くなれたのではないかと思っています。

結局、親会社からの借入をしながらも、「経営のプロセミナー」などの新しい集客イベントを次々と立ち上げ、何とか1年間で黒字化にこぎつけることができました。

また、グロービス・グループは経営管理がしっかりしていることもあり、経営会議では予実管理報告を毎期詳細にレビューされるというプレッシャーが常にありましたが、同時に、他の経営陣や社外取締役からのアドバイスを受けられる機会でもあり、そうした場で厳しくもまれることで、多くのことを学ばせていただきました。

既存のビジネスモデルを変化させながら、人材を育成し組織を開発し、そのうえ資金繰りにも奔走しなければならないベンチャー企業の経営者の方々の大変さを、多少なりとも身をもって体感できる経験ができたことは、私にとって大きな収穫の一つです。

その他、私の場合、マッキンゼーでの経験が**自分の肉体的・精神的な極限を知る**、ということにつながりました。

マッキンゼーで新規のコンサルティング・プロジェクトを始める際には、短期間でクライアント企業の業界構造や、全体像をつかむことが求められます。場合によっては、まったく自分に知見のない領域の場合もありますから、その場合には、いち早く業界の第一人者といった方にインタビューをかけ、業界の鳥瞰図や仮説を出すための知識を仕入れるわけです。

一方、同時並行で、本質的な問題解決をするべく仮説を出し、分析を行い、戦略の打ち手を考える、というアウトプットをものすごいスピードで出すことを、クライアントからも社内からも求められます。私は三菱商事時代、仕事は速いほうだと思っていましたし、ハーバードでも鍛えられたと思っていましたが、体感で言うと、その当時より3倍速くらいのスピードが求められるような感覚でした。

仕事をこなして帰宅するのは毎晩、深夜。夜中に目が覚めて何かひらめくこともあるので、枕もとには必ずメモ用紙を置き、シャワーを浴びている間も、課題の解決策やチャートのわかりやすい見せ方などを考え、早朝には出社。それこそ「24時間、働き続けている」といった感じでした。しかも、長時間働いていればよいわけではなく、ミーティングでは極限まで頭を振り絞り、バリューを出すことが求められるため、集中力も必要です。

しかし、この経験によって、その後も「マッキンゼー時代に比べれば、まだたいしたことはない」とがんばれるようになりましたし、**集中して知的労働をし続ける心肺機能の限界についても自分で把握できるようになった**のです。

③自分の名前で仕事をする

コンテンツ作成に必要な高い心肺機能を作るための三つめの条件が「自分の名前で仕事をする」です。これは、会社や上司、先輩の名前に頼らないで仕事をすることです。当たり前のことですが、**リスクをとらず、人の看板に頼ったり、人の後ろに隠れたりしていては、本当の実力は身に付きません**。

少しシビアな話になりますが、大企業に勤めていた人が「顧客からの受けもいいし、これは独立してやったほうが儲かるんじゃないか」と自分の会社を作ったところ、「A社の看板がなくなった途端、顧客から相手にしてもらえなくなった……」という話を、よく聞きます。

「自分が会社を辞めたときに、どのくらい仕事の依頼が来るか」

これを考えながら仕事をすることは、とても大切です。

改めて言うまでもありませんが、仕事とは、自分の知的好奇心や成長といった自己満足のためだけにやるものではありません。顧客やクライアントから対価をもらって、彼らができないレベルでの問題解決をすることです。厳しい言い方になりますが、そこに対価が発生している以上、常に「バリュー（価値）をどこまで出せたか」が問われるのです。

これは社外に限らず、上司や同僚、先輩・後輩との関係においても同様です。常に、部署やチームに自分が入ったことで「何が変わったか」「どんな効果があったか」「どれだけ価値が向上したか」を考えていかなければ、信頼を得ることは難しいでしょう。

社内外を問わず、仕事を頼まれたときに、どこまで「○○さんにやってほしい」「○○さんでないとダメなんだよ」と言われるでしょうか。

そこを意識しながら仕事をするのが、**プロフェッショナル・マインド**です。いわゆる「できる人」「成功を収めた人」は、例外なくこの精神を持っています。

「自分が関わることで、どんなメリットをもたらせたか」

「プロジェクト全体の価値がどれだけ向上したか」

「この1時間の間に自分が出した価値は何か」

優秀な人ほど、どんな小さな仕事をするときでも、こうした自問自答を繰り返しながらアウトプットの精度を高めています。

しかし、「自分に厳しく接する」のは、簡単なことではありません。つい「まあ、こんなもんだろう」とか「このくらいでいいや」と妥協してしまいがちです。こういうときに役立つのが、「自分の名前で仕事をしているか」を思い起こすことです。自分のブランディングに不利益になるような質の仕事になっていないか、を自問してみるのです。

先にも述べましたが、抜擢されるためには、組織に頼らず個人で勝負しなければなりません。会社の名前や肩書きを取り払ったときに残ったもの。それが、自分の真の「実力」です。それをふまえて、能力と実績を上げていくことが大切なのです。

実は一番評価されやすい「がんばる」姿勢

「チャンスの女神には前髪しかない」ということわざについては、前にもご説明させていただきました。

良いコンテンツとなるような実績を作るためには、チャンスの女神が目の前に来たときに向けて、あらかじめビジネスの心肺機能を鍛えておかなければ、女神に飛びつくことはできません。また、仮に捕まえられたとしても、心肺機能が発達していなければ、途中で力尽きて振り落とされてしまうかもしれません。まず、チャンスの女神を捕まえるため、そして女神についていくためにも、ビジネスの基礎体力ともいえる「心肺機能」を高めておく必要があるのです。

そのための準備とは、チャンスをうかがうことではありません。確かに、チャンスの女神が表れたときに備えて身構えることは大切です。しかし、それ以上に今、目の前にある仕事に対して正面きって取り組んでいないと、そもそもチャンスの女神が来てくれない——もしくは、来ているのに気付けない可能性があるのです。それでは、いつまでたっても、コンテンツとなるような実績は作れません。

確かに「成長できる環境を求める」ことは大切です。

一方で、どんな場所にいても「自分が成長できないのは環境のせいだ」といつも他責思考で考えていたり、この章の冒頭で紹介したEさんのように「やりたいこと」にこだわりすぎて、安易な転職を繰り返したりする人も増えています。

しかし、こうしたいわゆるジョブ・ホッパーには、「何度も会社を変える人には、問題解決能力がない」「すぐあきらめてしまう人で胆力がない」といったイメージがつきまといます。残念ながら、企業はこうした人材を敬遠します。「その人、青い鳥症候群なんじゃないの？」と言われてしまうのです。チャンスの女神どころか、活躍の場所すら失うことになるかもしれません。

繰り返しになりますが、最も評価されるコンテンツとは、多くの場合、「あの人は、コミットしてがんばっている」という姿勢なのです。**チャンスの女神の前髪をつかむためにも、いま目の前にある仕事に「がんばる」ことは重要**なのです。

このように、ビジネスの心肺機能を高めながら、実績になるようなコンテンツを作り、抜擢されるチャンスに備えることが、人脈スパイラルを起こす二つめのステップです。

「がんばれる」人が持っている三つの縁《よすが》

「がんばる」というのは、単純なようでいて、実はとても難しいことです。私もそうですが、人間の心には弱い部分があります。つらいことや困難なことに直面したとき、つい嫌になって逃げたくなります。

「根性でがんばれ」「意志の力で何とかしろ」という人もいます。確かに、嫌なことから逃げるのではなく、敢然と立ち向かうことも大切です。しかし「嫌だな」という気持ちを持ったまま、がんばろうと思っても、集中力や粘りが持続せずにただ悶々としてしまうことはないでしょうか。

そんなとき、私は**「その仕事と私をつなぐ縁《よすが》は何か」**を考えます。縁とは、心のよりどころのことです。

私は、仕事の縁は大きく3種類に分けられると考えています。

・結局のところ、いまやっているこの仕事が好きだ
・この社長や上司なら、ついていける
・一緒に仕事をしている仲間となら困難にも立ち向かえる

仕事で「つらい」とか「苦しいな」と思ったときに、三つの縁のうちのどれかがあれば、「そうは言ってもがんばるか」という気持ちになれるはずです。逆に、どれにも当てはまらない仕事をしていると、ふとしたときに「なぜ私はこんなに苦しい思いをしなくてはいけないんだ!」と、気持ちが折れてしまうことがあります。

「自分はなぜがんばらなければならないのか」という確信が持てないような状況では、能力を高めたり、実績を出すことはおろか、やる気を出すことも難しく、コンテンツを作って積み上げていくことは難しいでしょう。

しかし、先の三つにどれか一つでも当てはまれば、「そうはいっても、○○が好きだから」と、そこで踏ん張れるはずなのです。

自分と仕事や職場をつなぎ止めているものは何か。自分のタグは何で、どんなコンテンツを作りたいと思っているのか。先の三つの縁は、自分の作りたいコンテンツと何らかの関係性があるはずなのです。辛い状況の中で、がんばるためには、三つの縁のどれが自分の作りたいコンテンツとどうつながっているのか、今の仕事と作りたいコンテンツをつないでいる縁とは何なのか、をしっかりと認識しておくことが必要です。

つらくなった時には、必ず縁を思い返して、再度奮起してみましょう。もし、「つらいな」と思った時に、三つの縁のどれも当てはまらなかったら……、そのときになって初めて、環境を変える選択肢の一つとして「転職」を考えるべきだと思います。

コンテンツとは、タグの信憑性を裏づけるエピソード（実績事例）。

やりたいことに固執しすぎず、まずは「相手の望むこと」に取り組んで、コンテンツの礎となる実績を作る。

「実力＝能力×実績×意欲」。

ビジネスの心肺機能を発達させるには、「『脳に汗をかくくらい頭を使う』」「ビジネス上の修羅場を経験する」「自分の名前で仕事をする」ことが早道。

今の仕事が「がんばるべき」環境かどうかは、「結局のところ、今やっているこの仕事が好きだ」「この社長や上司なら、ついていける」「一緒に仕事をしているこの仲間となら、困難にも立ち向かえる」のいずれかに当てはまるかで考えてみる。

STEP 3 仲間を広げる

堀義人氏から学んだ、勉強会の効用

「人脈スパイラル・モデル」構築の第3の行動ステップが「**仲間を広げる**」です。

第1部でもご説明したとおり、人脈構築というのは個人で行うもの、と思っている方もいるかもしれませんが、本書の「人脈スパイラル・モデル」では、人脈を共創できるような仲間と共に、活躍のステージを上げていく手法を提案しています。これは、個人でやみくもに人脈を作る努力をするよりも、ずっと効率的に活躍の機会を呼び込む人脈を作れる方法だからです。

もちろん、仲間といっても、お手軽な異業種交流会や仲良しサークルでは意味がありません。お互いを高め合い、共に成長し合えるような集まりを作る必要があります。

ここでいう「仲間」とは、「人脈スパイラル・モデル」の今までのステップで作ってきた「タグ」や「コンテンツ」を、評価やダメ出しで磨いてくれたり、磨かれたタグやコンテンツを理解してくれたり、タグに関連しそうな他の人に紹介してくれたり、活躍の機会をもたらしてくれたり、ということをし合う「同志」のことです。

「もっと自分の可能性を試したい」という同じ志を持つ仲間と、**人脈の核となるグループを形成する**、と考えてください。

「そんな都合の良い仲間は簡単に作れないのではないか」と思われる方もいらっしゃるでしょう。しかしながら、実は、同志となれるような仲間を作れる方法はあります。自分のタグやコンテンツ、すなわち「やりたいこと」「できること」「価値観」と関連した切り口での勉強会、コミュニティを形成し、定期的に開催していくのです。

「**勉強会の開催などを通じた人脈構築のための仲間作り**」。その重要性を教えてくれたのは、私の上司であったグロービス・グループ代表の堀義人氏です。

マッキンゼーで経営コンサルタントとして働いていた頃、私の周りでMBA留学時代の友人などが次々と起業しました。私は、彼らから「とにかく経営ができる人材が枯渇している」「人がいればもっと急成長できるのに……」という相談を受けていたこともあり、「ベンチャー企業を支援したい」「ベンチャーや再生中の企業に貢献する経営のプロを増やしたい」と考えるようになっていました。

ハーバードの先輩である堀氏に、再会したのはちょうどそのころです。

グロービス・グループは、1992年にMBA科目を学べる民間のビジネス・スクールとして堀氏が設立した会社です。私が再会したころの堀氏は、グロービスのベンチャー・キャピタル（VC）のハンズオン支援を加速中でした。ハンズオン型でベンチャー企業を支援するためには、財務支援、事業開発支援に加え、人的資源の提供や組織開発支援も重要だと考え、グループとしても、その機能を強化しようと経営人材紹介を専門的に行う子会社を立ち上げたのです。

当時グロービスのナンバー2だった加藤隆哉氏（現、ＣＳＫホールディングス執行役員）が、この子会社グロービス・マネジメント・バンクの代表をしておられ、私は加藤氏から誘われ、ベンチャー企業の支援をヘッドハンターという立場でできるならば、ということで、入社しようとしていました。

私の入社に対する堀氏の返事は、ごくあっさりとしたものでした。

「いいよ。岡島さんのことはよく知っているので、面接もいらないよ」

グループ代表の面接なく入社できる、というのを、ラッキーと思う方もいらっしゃるかもしれません。しかし私は、ヘッドハンティング会社としての目標やグループ内での位置づけ、堀氏のビジョンや私に求められる役割、そして私自身のやりたいことなどを明確に共有しておく必要があると考えて、堀氏に無理を言って面談をさせてもらうようお願いしました。

面談が始まると、堀氏は白い紙にいきなり大きな丸を書いて

「岡島さん、ヘッドハンターになるってことだけれど、どういう人脈を持っているの？」と言ったのです。

当時の私が持っていた人脈とは、大学を卒業した後に入社した「三菱商事時代の人脈、特に財務系の人材」や、２年間の留学で得た「ハーバードＭＢＡ卒業生や同時期にＭＢＡ留学して

いた友人の人脈」、そして経営コンサルトとして働いた「マッキンゼーの現役・卒業生の人脈」の三つでした。そのことを正直に堀氏に伝えたところ、先ほどの紙に大きな丸を三つ書いた上で、「あと二つくらい、違う種類のコミュニティを持っていたほうがいいかもね。勉強会に参加したり、自分でも主催してみたら」と言われたのです。今でこそ、勉強会の効能を実感していますが、当時の私は、勉強会で人脈に寄与する仲間ができる、という概念に、正直、半信半疑でした。

堀氏は、当時から積極的に国内外の勉強会や会合、朝食会に参加していました。中には政府の委員会など、自社のビジネスに直接的な利益をもたらさないように見えるものに対しても積極的に活動していたのです。ともすると「ムダは排除したほうがいい」と考えがちですが、私が周囲で注意深く観察していると、堀氏がさまざまな人との交流を温めた結果、それが思わぬところからビジネスにつながったことがよくありました。

堀氏がよく言っていたのは「勉強会をやるときは、幹事という面倒なことを引き受けたほうがいい。なぜなら、ノウハウや情報、人とのつながりはすべて幹事に集まってくるものだから。それに、メンバーの人が仕事で困ったときは必ず幹事のところに相談に来るはずだよ」ということでした。

それ以前も私は、ハーバードへの留学を終えて帰国した直後から勉強会を主催したり、ハーバードのOB会の委員をしたりしていました。しかしそれはどちらかというと、これまでのコミュニティで知り合った人とのつながりを深めるという感覚でした。人脈の新規開拓ではなく、維持という要素が強かったのです。

もちろん、三菱商事やハーバード、マッキンゼーでのつながりは、ヘッドハンターとして活動する上で、私の大きな武器になりました。しかし堀氏の一言で、自分の人脈をそこからさらに大きく広げるためには、ベンチャー経営者、ファンドの方、他のプロフェッショナル・ファームの方、政府関係者、弁護士、大学教授など、より多くの人と勉強会や会合で会わなければならないと実感しました。

それ以来、いろいろな切り口で勉強会やコミュニティを組成し、勉強会に外部の講師を呼んだり、さまざまな集まりに積極的に参加したりするようになりました。ベンチャー企業支援者の勉強会や、ベンチャー経営者の勉強会、などはこの一例です。

最初は、勉強会を主催することにも慣れていないので、枠組みを作ること自体を、非常に難しく考えていました。けれども、実は、最初に会の目的とルール作りさえ明確にしておけば、思っていたよりも難易度は低く、一方で堀氏の教えのとおり、人脈作りには、非常に効果的であることが実感できたのです。「なぜもっと早く、こういうことをやってみようとしなかったのだろう」というのが、正直な感想です。

こうした活動を通して、「意識的に仲間を広げる活動には大きく四つのメリットがあることが分かってきました。「**タグやコンテンツを試せる**」「**お互いに切磋琢磨することで成長できる**」「**仲間から活躍の機会を獲得できる**」「**仲間の人脈も共有し、抜擢の機会が複利になる**」の四つです。

仲間を通してタグやコンテンツを磨く

勉強会を主催したり、参加する時には、自分の関心がある領域で知見を高めたり、自分の専門性の高い領域における先端事例の研究や周辺領域でのプロとの意見交換などといったものが多いでしょう。少し難しく聞こえますが、たとえば社内有志の勉強会や、業界有志の勉強会などは、この中でも比較的着手しやすいものです。

要は、「人脈スパイラル・モデル」の今までの行動ステップで作成してきた自分の「タグ」や「コンテンツ」の領域に関連する切り口の勉強会を主催したり、参加したりすることです。

私の事例で言えば、「ベンチャーや再生の局面にある企業で活躍できる『経営のプロ』人材を増やしたい」というタグを持っているので、ベンチャーキャピタリストとの勉強会は、自分のタグやコンテンツとぴったり合致します。

この勉強会では、ベンチャー企業がメガベンチャーへと成長していくためには、経営者の質を高めたり、企業ステージによっては経営チームを入れ替えたりする必要性についても、かなり昔から、真剣に討議を重ねてきています。こういった同じ志や関心領域を持つ仲間は、自分のタグやコンテンツを試す相手として最適です。たとえば、新しく入ってきた仲間に、自己紹介として自分のコンテンツである実績のエピソードを紹介してみる、それを聞いていた他の仲間から評価されたり、ダメ出しを受けたりする、ということができるのです。

仲間のメンバーは、お互いに、勉強会にコミットしていますし、信頼関係も共有できています。率直に批判もしてくれますし、批判された自分も真摯に受け止めざるを得ません。そのコンテンツのどこがセクシーでないのかを具体的に確認したり、コンテンツに対して良い質問を受けることによっても、自分のコンテンツを修正し、磨いていくことができるわけです。

こうして、**わかりやすい表現の「タグ」**や、**他人に刺さる「コンテンツ」**へとバージョンアップさせていくことができるのです。

勉強会で身につく「メタ認知力」「複眼思考力」

さまざまな集まりの中で誰かと話をすることには、インプットとアウトプットを両立できるというメリットもあります。

勉強するときにもいえることですが、**一定のインプットをした後は同程度のアウトプットをしたほうが学習効果が高まります**。よく「後輩に仕事を教えているうちに、だんだん自分の頭の中が整理された」という話を聞きますが、まさにインプットとアウトプットを両立させた効果でしょう。これは私自身にも経験のあることです。誰かに話すことで知識が定着したり、理解がより深まるということが、よくあります。今、グロービス経営大学院で客員教授をしていますが、ハーバードのケースを題材にした授業を講義する側に回ると、授業を受けていた当時よりも、何倍も理解が深まり、私自身にも常に大きな学びがあると感じています。

そして、さまざまな集まりの中で話す効果として特に大切なのが、「**自分が何をわかっていないか**」がわかることです。

マッキンゼー時代にも痛感したのですが、優秀なコンサルタントほど「何がわかっていないか」を考え続けています。自分はもちろんのこと、相手の理解度についても考え、「どの情報を共有すればいいか」「どの順番で伝えればいいか」をメタ認知できているのです。

　メタ認知とは、対象をより高いレベルや別次元から観察・分析することです。たとえば、自分のことを「他人を見るように、客観的に認識する」ことなどです。

　より良いアウトプットをするためには、この**メタ認知**が欠かせません。そして、その技術を鍛えるためには、実践が最も効率的です。特にアウトプットの技量には、実践でしか身に付けられないものがあります。

　誰かに聞いた話や本で読んだことを伝えるときに、何度か試しているうちに「こういう展開で話をすれば、正確に伝わるな」とか「伝え方を変えたら、相手がだんだんと興味を示すようになった」という経験はないでしょうか。勉強会や会合、食事会はその技術を訓練する貴重な機会です。先に述べたタグやコンテンツの内容はもちろんのこと、それらの伝え方の訓練もできますし、仲間の伝え方から学ぶことも多いのです。

　ぶっつけ本番を繰り返して場数を重ねるというやり方もありますが、本番では「失敗できない」というプレッシャーもあるため、なかなか挑戦ができません。そのため、つい無難なアウトプットで終わらせようとしてしまうものです。

　それに、あまり大きな失敗をしてしまうと「アイツにはまだちょっと早かったか……」などと、次のチャンスを失ってしまうリスクもあります。それよりは、仲間内で多くの失敗体験を積んでおいたほうがいいでしょう。仲間内であれば比較的リスクが少ないため、さまざまなチャレンジができるはずです。

勉強会での経験を積めば積むほど、伝える力や聞く力、情報整理力、コメント力といった、いわゆる「コミュニケーション能力」を高めることができます。また、役割によってはファシリテーション（議事進行）の能力も鍛えられるでしょう。

さらに、勉強会は「複眼」的な力を身に付ける機会にもなります。

日々の自分の仕事の中に「こういう視点を取り入れたら面白い」という発見を得たり、自分のキャリア形成を考える上でも「この能力を手に入れると自分の価値が上がるかもしれない」といった気付きが、必ず生まれます。

勉強会や会合は、自分の仕事を外から見るきっかけにもなり、**自分の仕事やキャリアを「メタ認知」できる**というメリットもあるのです。

自分が知らなかった新しい情報やアイデア、発想、気付きを得られる。さらにコミュニケーション能力も鍛えられる。さらには、能力開発のニーズに気がついたり、「アイツには負けられないからがんばろう」と、新たなモチベーションにつながる可能性もあるでしょう。

このように、仲間を作って勉強会や食事会を開くことは、メリットだらけなのです。これが人脈スパイラル・モデルにおける第3ステップ、「仲間を広げる」の醍醐味です。

勉強会や交流会を効果的に運営するＴＩＰＳ

勉強会や食事会に参加してもらう仲間を選ぶときに気をつけたいことがあります。それは「仲間とは、共創できる相手でなければならない」ということです。

共創とは「異なる専門性や背景を持った人たちが、お互いに競争意識を持ちながら、共通の目的を果たすために知恵や力を出し合って協力すること」です。この原理がなければ、せっかくの集まりも仲良しクラブで終始してしまいます。

大切なのは「**目的を共有し、お互いに高め合える相手かどうか**」です。極端な言い方をすれば、現状に満足せず「**次のステージを目指している同志**」でなければなりません。

仲間として迎え入れる人の具体的な要件としては、「タグを持っているか」「それを裏付けるコンテンツを持っているか」を基準に考えるとよいでしょう。この二つがない人の場合、ディスカッションの中で自分のポジションを見出せなくなったり、適切な発言ができない可能性があるからです。

特に私的勉強会は、一定のクオリティを保つことが重要になります。ディスカッションの質やメンバー構成にムラがあると、その集まりの意義が希薄になってしまったり、優秀な人が去ってしまうからです。酷な言い方になりますが、ときには議論のレベルが合わない人をメンバーから外すことも選択肢に入れておかなければなりません。

勉強会の一形態として、私はよく「読書会」なども開催しています。1冊の本を選び、その本の解釈や自分のビジネスへの学びなどの意見交換をする、という形態のものです。たとえば、古典などの作品は普段なかなか食指が動かず、「いつか読もうと思っている本」として本棚に眠っていたり、読み終えるだけの意欲を持てなかったりするものですが、ピア・プレッシャー（仲間からのプレッシャー）があれば、自力では読めない本も読破できたりするものです。

読書会は、一見、「人脈構築」とは、あまり関係のないように思えるかもしれませんが、実は同じ本を読んだ感じ方の共通項や違いなどを相互に知ることによって、**仲間の価値観を再認識すること**などもあり、コンテンツの根底にあるものを、更に深く理解できることもありますし、それがきっかけで、活躍の機会を提供し合うことになるケースもあります。

こうした読書会では、本を真剣に読み、自分自身が本との対話をし、かつそこからの学びの言語化をして勉強会に臨むことが求められます。一人でも、同じレベル感の準備をしていない人がいれば、全体の共創感を壊すことになりかねません。忙しい中準備をしてきた他の人も、「次回からは自分もやらなくていいや」と思いかねないのです。

理想的なのは、参加者全員が「Commit or Die（貢献せよ。さもなくば去れ）」の共通認識を明確に意識していることです。さらに、議論のクオリティに対してお互いに厳しい目を持っている状態が望まれます。

したがって、勉強会や集まりは、誰でも参加できるオープンなものではなく、できるだけ招待性のクローズドなものでなければなりません。なぜなら、そこでのディスカッションの質を保ち、より生産的なものにするためには、メンバーが集中力を発揮しやすい場にしておく必要があるからです。**できれば4~5人の少人数——最大でも8人くらいにしておくべきでしょう**。私の経験でいえば、それ以上の人数になると参加者の集中力が減退するうえ、議論として収拾がつかなくなる可能性が高いからです。場合によっては、分科会などに分ける工夫も必要でしょう。

こうして近い関心領域を持つ仲間と、深く議論し切磋琢磨することによって、互いのタグやコンテンツはもちろんのこと、その根底にある価値観や使命感をも、相互に深く理解し合う仲間ができあがっていくのです。

ここまで深く知りあっているわけですから、自分の周囲に誰かを抜擢する必要性があるような活躍の機会が出現した時には、まっ先にこの仲間を思い浮かべるはずです。そして、抜擢の要件と、仲間のタグやコンテンツが合致するような機会には、**必ずこの仲間に活躍の機会を提供し合うことになる**のです。これが三つめのメリットです。こうした互いを深くしる仲間を持つことによって、抜擢される確率は、確実に高まるのです。

また、私の場合は、4年前くらいから「代官山ブレストサロン」という私的勉強会を定期的に開催しています。コンサルティング・ファーム出身者や、経営者、何らかの領域の専門家などを自宅やオフィスにお招きして、さまざまなトピックスについてディスカッションをしていきます。ビジネス界で話題になっているテーマを始め、あるベンチャー企業の成長停滞をブレークスルーする方法を考える、起業家を招いて新しいビジネスモデルをみんなで考える、異業種同士のコラボレーションの方法を考える……。

メンバーは、その時の課題に貢献できそうな人、しかも議論のスタイルは近いが、異なる視野や経験を持つメンバーを私が人選しています。

こうした議論を通して、お互いに切磋琢磨し、場合によっては短時間で驚くほどのアウトプットができあがることもあります。それに加えて、参加者の方から「こういう面白い人がいるから、今度連れてきてもいいですか？」と新しい人脈を紹介してもらうことも多いのです。

これが「**仲間が新たな人脈を呼び込んでくれる**」という四つめのメリットです。

他にも、勉強会ではないのですが、私は、昭和41年生まれの友人たちと「丙午会」という食事会を3カ月に1度開催しています。経営者やファイナンス関係者、編集者など多彩な顔ぶれです。会のルールは、同じ年でお互いの刺激になる人が集まる、というものです。したがって、誰かを仲間に招きいれる時には、自分が責任を持って「この人を仲間に入れれば、みんなにとってもメリットがあるだろう」ということを考え招待する、というものです。

丙午生まれという人口分布上くびれた人数の少ない学年という親近感を持つ仲間というだけの話なのですが、最初4人で始め、メンバーも厳選しているにもかかわらず、今や20人の素晴らしい仲間のコミュニティとなり、すでに食事会も8回目を数え、3年目に突入しようとしています。昔から会いたいと思っていた人が、実は同じ年で仲間の誰かの級友だったり、会社の同期入社だったり、ということがわかり、「えーっ、だったら次回連れて来てよ」と盛り上がって、仲間が新たな人脈を呼び込む形で広がってきた会です。

この会には、「同期だから、敬語禁止」という厳しい掟があり、初対面から「ぐっと」距離の近い感じで話しができています。どこかで接点があった人を通じてつながってきた人脈なので、業界や経歴も実は近い人々が多く、共通の話題も多いため、ここで知り合った人同士が一緒にビジネスをしていることも増えてきているようです。

まさに仲間が新たな人脈を呼び込み、仲間同士が活躍の機会を提供し合う、というサイクルがぐるぐると回っている好事例のコミュニティです。

自分と違う「脳」を持つ人を仲間にする

仲間を作るときは、経験や特性、業種・職種、得意分野にも気をつけるべきです。

仲間というと、つい「似たような発想をする人」「共通言語を持っている人」「共通の経験を持っている人」など、〝似た人〟を選んでしまいがちですが、実はこれでは「共創」になりません。参加者の性格や業種、特性はできるだけバラバラにしたほうが、新しい発想や着眼点が生まれやすくなるのです。

マッキンゼー時代、社内でよく使われていた言葉の一つに**「ちょっと頭借りたいんだけど……」**というフレーズがありました。「ブレスト（ブレイン・ストーミング）に参加してくれないか」という意味です。異なるプロジェクトを担当している人とブレストをすると、新しい視点や切り口を得られることが多く、ブレークスルーのきっかけになるケースが多いのです。イメージでいうと、外付けの異なる種類のCPUを追加して、高速で多様な視点をぶつからせて問題解決をするという感じです。

これは、自分と違うプロジェクトに従事している人を選ぶのがポイントです。同じプロジェクトに関わっている人だと、前提としている情報やバックグラウンドが似たようなものになりやすいので、新しい視点や洞察を得られないケースが多いからです。

また、違う部署の人でなくても、自分と異なる特性を持った人でも構いません。

たとえば、「右脳型人間」と「左脳型人間」の組み合わせがその典型でしょう。よく脳の役割分担の話として、右脳は感覚や直感、イメージを司り、左脳は言語や計算、論理を司るといいます。ここでいう「右脳型人間」とは、共感力が強く、直感で物事を判断しがちな人のことです。逆に「左脳型人間」は、物事をロジックで考え、緻密な計算に基づいて行動する傾向が強い人を指します。

余談になりますが、わが家は結婚祝いに皆さんにホワイトボードを買っていただいたくらい、ブレスト好きの夫婦です。しかも、私と夫はものの見事に「右脳型」と「左脳型」に別れています。

私はハーバードやマッキンゼーで、なかば強制的に「左脳強化特訓」を施されましたが、本質的には感情共感型の「右脳型」です。一方、夫のほうは「頭の中身がロジックツリーだけで構成されているのではないか」と疑いたくなるくらい、理路整然とした「左脳型」です。

働いている業界はまるで異なりますが、仕事の質が近いため、言語やフレームワークが似ていて、休日などにはよくお互いが抱えている課題について夫婦ブレストをしています。

お互い「思考のクセ」が大きく異なるため、ポジションをとってブレストをすると「なるほど、その手があったか」という、思わぬ解が見つかることがあります。

また、斬新な結論が出なくても、自分と違う思考パスを通る人が「どういった論理展開をしてくるか」「どんな視点を持って意思決定してくるか」が明確になるなどのメリットもあります。

これは日々の仕事でも同様で、プロジェクト・メンバーの脳の特性が分散していると、意外に議論が生産的になり、ディスカッションの中で誰も思い付かなかったアイデアが自然と出てくることが多いのです。

経営コンサルタントの大前研一氏は、ダニエル・ピンク著の『ハイ・コンセプト――「新しいこと」を考えだす人の時代』(三笠書房)の前文で、

・右脳と左脳を自由に往来することができる人材(「脳梁」が発達しているタイプ)がこれからの時代に求められている
・それが一人で達成できなければ、右脳型、左脳型、の違うタイプの人で集まって、相互に利用しあうべき
・ただし、日本人は類友で固まりやすいので、異なるタイプと戯れにくい。家族内はじめ、対極的な人と交わることができる「環境」が重要になる

と、**違うタイプの人の「頭を借りる」効用**を述べています。これは、仲間を選ぶ時の重要なポイントとなる所です。

情報化、グローバル化が進む中、企業経営者には「より複雑な問題を、より速いスピードで意思決定／解決する」ことが求められつつあります。

こうした環境下では、ますます「頭を借りる」的アプローチが効果的です。より複雑であるからこそ、左脳的・右脳的アプローチ双方をフル活用することによってしか、ブレークスルーできない課題が増えているからです。

さらに、現在のような環境変化の早い時代では「①Aの戦略を実行する」「②Bの方向性に転換する」「③どちらとも決めず意思決定を延ばして様子を見る」といった、すばやい決断を求められます。しかし変化の速い時代においては、③の選択肢が最悪の意思決定になるケースが多いのも事実です。そのため、即座に①か②を選ばなければなりません。

そんなケースでは、自分と異なるタイプの「頭を借り」て、高速シミュレーションした上で意思決定をするほうが、ダウンサイドリスクを軽減できるのです。

仲間うちに異なるタイプの人を入れるメリットは、実はかなり大きいのです。

私がヘッドハンターとして仕事をさせていただいたあるベンチャー企業のケースです。

戦略系コンサルタント出身の仲間たち3人が、会社を設立しました。彼らはコンサルタントとしても優秀で、しかも3人が同じビジョンを共有しています。3人は、これまでの経験や最新のビジネス理論、そして彼ら自身の頭脳を駆使してビジネスモデルや戦略など、ロジックで完璧に固めました。

彼らの戦略は大当たりしました。しかし、新たに人材を採用し組織を急拡大したところまでは良かったのですが、そこからの成長スピードがにわかに鈍化しました。人材が多様化したため、経営者のビジョンや戦略が現場と共有しきれなくなり、現場は混乱していたのです。

私は、このような課題を抱えた経営者から、組織診断と課題解決方法としてのヘッドハンティングの相談を受けるケースが多いのですが、こういう場合には、あえて他の経営陣とはタイプの違う共感系右脳型の参謀の抜擢をアドバイスします。右脳型の参謀を経営陣に入れることで、左脳型の経営者が作ったメッセージが、現場スタッフにも共感しやすいかたちに咀嚼・翻訳されるのです。左脳系中心のチームに共感系の人を1人入れただけで、現場がビジョンや戦略に対して当事者意識を持てるようになり、事業がうまくいくようになるわけです。

これは「右脳型と左脳型のどちらがいいか」という話ではありません。たしかに一個人の中で右脳と左脳を自由自在に往来できるというのがベストですが、そんなスーパーマンはなかなかいないのです。

大切なのは、**自分の特性を的確に把握し、弱点を補完してくれる仲間を作ること**です。

あるいは、少なくとも自分と違うタイプの人と議論することによって、自分の強み弱みを客観的に把握し、メタな視点を持つべきだということです。他力本願ではなく自分の長所を活かしつつ、同時に逆側の部分を意識して鍛錬していけば、必ずお互いに切磋琢磨できる関係性を築けるはずです。良い仲間という人脈を持つことは、このような効用ももたらすのです。

マッキンゼーの「アルムナイ・ギャザリング」がもたらす相乗効果

仲間を増やす場所は、私的勉強会や食事会だけとは限りません。転職経験のある人であれば「かつての職場」という共通項でつながるさまざまな人に会ってみることをお勧めします。

たとえば私が働いていた、マッキンゼーには「アルムナイ・ギャザリング（懇親会）」というものがあります。アルムナイとは、卒業生のことです。半年に1回、マッキンゼーの卒業生と現役のコンサルタントが集まってパーティを開くのです。

数年ごとに幹事団を決めて、3年先くらいまで日程が決まっています。出席者の名簿は毎回更新され、パーティの費用の一部を会社側が負担してくれています。単なる懇親会だけではなく、卒業生の中から活躍している人を選んで最新のトピックスについてのスピーチや質疑応答を活発に行い、毎回かなりの出席者でにぎわうのです。

そこでの目的は、主に人脈の拡大やリテンション（保持・継続）です。マッキンゼーのアルムナイはさまざまな業界で活躍しているケースが多いため、情報収集や新しいビジネスチャンスを作るきっかけになるわけです。

もちろん、会社側にもメリットがあります。アルムナイが活躍していることは現役の若手コンサルタントにとって刺激になりますし、ロールモデルやメンター役をお願いするきっかけになります。また、起業したり、別の会社に転職したOBが、古巣であるマッキンゼーに仕事を持ってくることもあるのです。

アルムナイ・ギャザリングは、OB、現役、会社、のすべてに大きなベネフィット（恩恵）をもたらす**Win‐Winの仕組み**となっているため、長く続いているわけです。

マッキンゼーの場合、会社が補助をしてくれているため、かなり大掛かりな会合になっていますが、もっと小さな集まりでも効果は十分に期待できます。

私の場合、「ハーブの会（ハーバードMBA女性卒業生の会）」や「丙午の会（昭和41年生まれの会）」を定期的に開いています。これは私的な集まりに過ぎませんが、ヘッドハンターとして活動する上でも個人的な成長という点でも、大きなメリットをもたらしてくれています。

もし、あなたがこれからOB会や勉強会などの集まりを始めるとしたら、ぜひ幹事などの調整役を率先して引き受けてください。幹事を引き受けると、日程や場所の調整や、頻繁な連絡、集まりのコンセプトを考えるといった雑事に追われるものです。しかし、先にも述べたように、会を催すにあたって最も情報が集まり、そして**最も成長を遂げられるのが幹事なのです。**

いつの時代にも、人脈の重要性は叫ばれているようですが、ここのところ、人脈作りの異業種交流会やセミナー、パーティが増えているようです。

しかし、こうしたイベントに参加してみたものの、「パーティでいろんな人と名刺交換をしたけれど、その後あまり連絡が来ない」「異業種交流会に行ってみたが、自分から積極的にコンタクトを取ろうと思える人がいなかった」「最初のうちは仲良くしていたけど、だんだん疎遠になってしまった」といった経験はないでしょうか。実は、こうした交流会やパーティで人脈を広げるのは、とても難度の高いやり方です。

初対面の人と会うときに、「私は○○というものです」と自己紹介をするコストは、意外に高いものです。なぜなら、相手に相当なインパクトを残すには、万人が「それはすごい！」と思うような実績となるコンテンツを持っているか、並外れた人間的魅力がないとできないことだからです。これができる人は、「人脈マスター」や「天性の人たらし」と呼ばれるべき人でしょう。それだけのプレゼン能力と魅力があれば、一生人脈には困らないはずです。

「天性の魅力」や「万人をうならせるコンテンツ」がない状態でやみくもに名刺を配っても、

交換した名刺の数が増えるだけです。第1部の第2章でもご説明したとおり、所属企業が書かれているだけの名刺を保有している「名前を知っているだけ」の状態は、今や「人脈を保有している」とは呼べない時代です。従って、伝えるべきコンテンツがない状態で**人脈デビュー**に励んでも、人の印象に残ることができず、ほとんど意味はないのです。

そういう意味でも、人脈を拡げるために異業種交流会やパーティに出席することは、あまりお薦めできません。**すでに知っている人と頻繁に会うほうが、はるかに効率的**です。

知人同士の集まりであれば、自己紹介の手間を省ける上、相手に無用な警戒心を抱かせずにすむといったメリットがあります。こちらも同様に「相手がどんな人か」を探ることなく、いきなり本題に入れるわけです。

当たり前の話ですが、仲間とは、一朝一夕にできるものではありません。さまざまな体験を一緒に積み重ねながら、お互いのタグやコンテンツを理解しあいながら、志向や特性を共有していく中で、少しずつ育くんでいくものです。

本章でご紹介したような、ディスカッションや勉強会を通して、お互いに切磋琢磨しながら成長した仲間は、「同じ釜の飯を食べた」的な共有体験を持っており、必ずあなたのビジネス人生の中で大きな財産である「人脈の核」になるはずです。

意識的に仲間を広げる活動には、「タグやコンテンツを試せる」「お互いに切磋琢磨することで成長できる」「仲間から活躍の機会を獲得できる」「仲間の人脈も共有し、抜擢の機会が複利になる」という四つの大きなメリットがある。

「勉強会」は仲間を広げ、コミュニケーション能力を高める絶好のチャンスになる。

「勉強会」を開催するときのポイント。

- 幹事を引き受ける
- 8名程度のクローズドな会合にする
- 自分と異なる「脳」を持ち、「共創」できるメンバーを人選する
- 「Commit or Die（貢献せよ、さもなくば去れ）」のポリシーを浸透させる

むやみに新しい知り合いを増やすより、昔の職場の先輩・同僚など「すでに知っている人」と頻繁に会うほうが、効率的に仲間を広げられる。

STEP 4

自分情報を流通させる

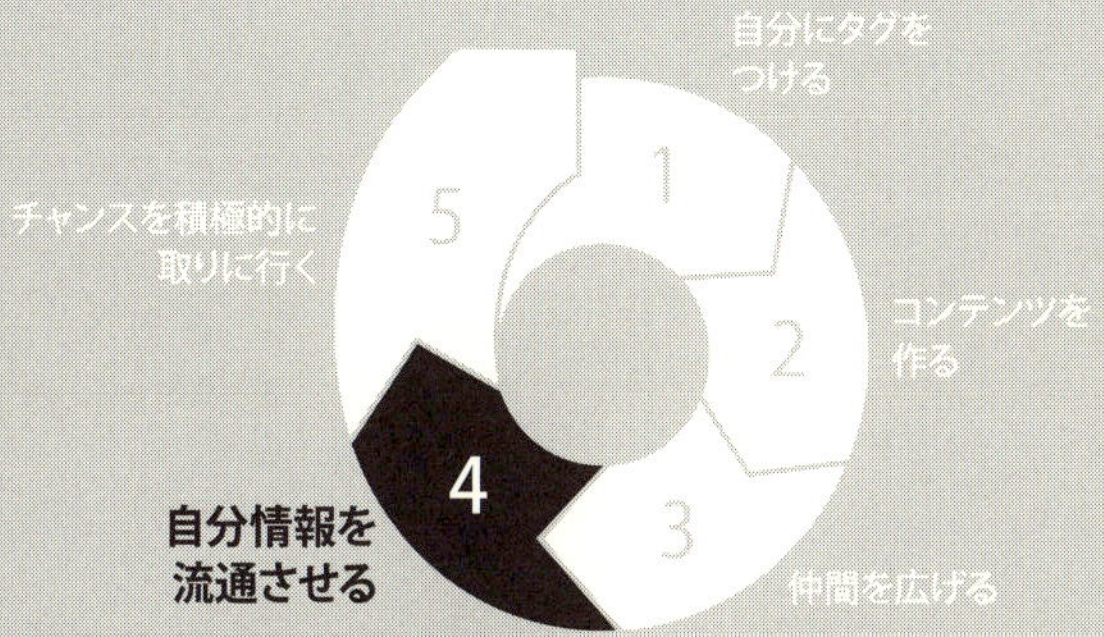

情報の〝種蒔き〟をして抜擢の確率を高める

仲間が増え、人脈の核となるグループを形成できたら、次は「自分の情報（タグやコンテンツ）を流通させる」ようにしましょう。これが、人脈スパイラル・モデルの第4の行動ステップです。**あなたという商品を識別する「タグ」と商品説明である「コンテンツ」を、世の中に発信する**のです。

「情報を流通させる」といっても、ターゲットを絞り込んで売り込む必要はありません。何かのときに誰かが自分のことを思い出してくれるように、「種を蒔く」といった感覚で大丈夫です。

ここでいう「自分の情報」とは、これまでに述べてきた「タグ」と「コンテンツ」のこと。「○○をやってみたい」「××に興味がある」「あの人に会ってみたい」といった、未来志向のポジティブな情報を発信していくのです。

最も手っ取り早いのは、仲間に話をすることです。何気なく話したことが、意外なところで誰かの心に刺さることはよくあります。その結果、口コミが口コミを呼んで、ネズミ算的に効果が上がっていくのです。先に述べたとおり、タグやコンテンツが、わかりやすく「思わず誰かに話したくなるような面白さや希少性」を持っていれば、人の記憶に残り、口コミが途絶えることなく、遠くまで伝わっていきます。これは、ある意味「偶然がもたらす縁」です。

私たちは「偶然」をコントロールすることはできません。しかし、その**偶然が起こる確率を上げることはできます**。リアル（脳内検索）でもバーチャル（ネット検索）でもいいのですが、キーワードで検索されたときに自分を想起してもらうために、自分の情報を流通させてヒットする確率を上げていくのです。これこそが、抜擢される可能性、活躍の機会を提供される可能性を高める「仕掛け」となっていくのです。

私にも、狙って行ったものではないところで偶然ある人と出会い、そこから話が盛り上がってビジネスになったり、他の誰かを紹介してもらったり、その出会いをきっかけに自分の興味が大きく広がったり、そんな「必然とも思える偶然に引っ張られた」経験がたくさんあります。

たとえば、私は現在、元産業再生機構のCOOの冨山和彦氏が、産業再生機構OBと設立した経営共創基盤という会社で、アドバイザーを務めさせていただいています。経営共創基盤は、成長停滞中や再生中の企業の経営の現場に、自らハンズオン型で飛び込み、長期的、持続的企業価値向上を支援していくプロフェッショナルサービス会社です。私は、同社の組織開発や支援先企業の経営チーム組成のアドバイスをさせていただいています。

冨山氏とは、産業再生機構の前職のCDI時代にも接点があり、産業再生機構時代にもグロービスで講演していただいたり、仕事関連でご相談をしたりしていました。

そしてあるVC主催のパーティーで久し振りにお会いした時に、産業再生機構がそろそろ解散時期に近づいているということも存じ上げていたので、「冨山さんの言われる『日本には経営人材が圧倒的に不足している、経営人材として成長する場を作るべきだ』という論には、心から共感しています。冨山さんのファンですし、何か新しいことをされる時には、ぜひ声を掛けてくださいね」と軽い感じでお話しました。

もちろん、その頃すでに冨山氏の頭の中には、現在の経営共創基盤の構想があったのではないかと思います。そのパーティーでの再会から半年くらいたったある日、冨山氏から私のところに1通の短いメールが来ました。

「志を同じくする仲間と新しく会社を始めることにしました。興味ありますか？　マジで……」

「新しく始める会社」とは現在の経営共創基盤ですが、「人材投入型支援」という新しいモデルで企業価値向上を支援し、それによって経営人材に成長の場を提供するというお話を聞き、私は非常に共感し、ワクワクして、今の様な形で一緒に働かせていただくことに至ったのです。また、内閣府の「地域力再生機構研究会」の委員になる際に、当時の大田弘子経済財政政策担当大臣に私を推薦してくださったのも、冨山氏でした。

振り返ってみると、あのパーティーで自分の価値観となる「タグ」を表明し、「声をかけてくださいね」と申し上げたことが現在につながっているのだと思い、「種を蒔く」ことの重要性を痛感しています。

この私の事例でもおわかりの様に、大切なのは、**あるキーワードをもとに、抜擢される候補者リストの一番最初に自分が「想起」されるように日頃からタグやコンテンツの種蒔きをしておく**ことです。

リアルの世界ではかえってピンと来にくいかもしれませんが、これは、ネットの世界でいうウェブのＳＥＯ対策と似ています。ＳＥＯとは、Search Engine Optimization のことです。検索エンジンの検索結果において、より上位に表示されるように、ホームページやブログ上に検索に適切なキーワードを入れるなど、検索率を上げるための技術を指します。

つまり、誰かが「こういう人いないかな」とキーワードで検索したときにそのキーワードにひっかかり、相手に「そうか、この人に連絡すればよかったんだ」と発見される仕掛けを作ることが重要になってくるわけです。これは、リアルの世界での脳内検索率を上げる方法とまったく同じです。

加えて、グーグルなどの検索エンジンが上位表示する際には、そのページがどれだけ多く他のページからリンクされているかも重視しています。アクセス数の多いアルファブロガーと言われている人からのリンクがあれば、この点も重要視され、検索結果が上位に上がりやすくなります。

これはリアルの世界でも、**多くの人から「リファレンス」をもらえる人**、信頼性の高いキーパーソンから「リファレンス」情報を提供してもらえる人が、抜擢候補者リストにあがってきやすい、というのと同様の仕組みです。

とはいえ、実際には、「どこで・誰が・どんな情報に反応して自分を覚えていてくれるか」「どのようなタイミングで自分のタグを思い出してくれるか」は、まったく予測できないものです。これればかりは、偶然に任せるほかありません。

逆に言うと、出会いは偶然に拠るところが大きいですから、1回の試みでうまくいかなかったからといってクヨクヨする必要はまったくないのです。むしろ、「うまくいったらラッキー」というくらいの感覚でいたほうがいいでしょう。

人脈における投資は、当たればかなり大きなリターンを見込めます。極論すれば、「**1勝99敗**」**でも、その1度のヒットで元をとれることが多い**のです。

口コミから「チャンス」と「リファレンス」を手に入れる

自分の情報を流通させるとき、まずは「口コミ」を作ることに重点を置きましょう。仲間が誰かに会ったときに、「最近こういう面白い人と出会った」「こんな勉強会をしていて……」と、あなたの名前とタグやコンテンツを紹介してくれるようになったら成功です。

特に、**「抜擢される人脈力」を身に付けるためには、この「口コミ」が絶対に欠かせません。**口コミには、大きく二つの効果があります。一つは、口コミによって「チャンスに恵まれやすくなる」こと、もう一つは「誰かに紹介してもらうときのリファレンスになる」ということです。

まず、人脈スパイラル・モデルの第3ステップで構築した、あなたをよく知る仲間が「○○さんは、ここが面白い」「こういうすごいことをやろうとしている」という具合に自分の情報（タグやコンテンツ）を広げてくれると、その話を聞いた人が「今度、ぜひその人を紹介してよ」と言う確率が上がります。タグやコンテンツの「独り歩き」です。

そして、意外に大きいのが、二つめの「リファレンス」の効果です。実際に口コミからの紹介で誰かに会うときに、「○○さんの紹介で……」と言うことができれば、導入の自己紹介の手間が省けます。さらに、「まあ、○○さんの紹介なら変な人ではないだろう」といった具合に、身元証明の保険にもなるわけです。

第1部の第2章でも触れたとおり、「リファレンス」はとても重要です。これは、ジョブマーケットでもまったく同じことが言えます。実は、ヘッドハンターの最大の敵は、口コミによる人材の「紹介」なのです。

たとえば、私達ヘッドハンターが候補者と面談を重ね、紹介先企業との合意もとれて、いざ入社承諾書にサインをするだけ、という段になって、突然「すみません、辞退します」と候補者から言われることがあります。

オファーが辞退されてしまう理由にはさまざまなケースがありますが、主な理由として、まず次の三つがあげられます。

①上司から強く慰留され、（社内異動や昇進を持ちかけられ）会社に残留
②他の会社から、より魅力的なオファーがあったため、そちらを選択
③自分の志向や適性を考えなおしたところ、この機会ではないとの結論に至る

そして、この②の中でも、特に多いのは、「転職することを友人や先輩に相談したところ、『それなら自分と一緒にやらないか』と強く誘われ、そちらに行く」というものです。

一般的にあまり理解されていない事かもしれませんが、ヘッドハンターは、基本的には、自ら転職を希望されている方、つまり、ジョブ・シーカーを候補者としているわけではありません。どなたか別の方からの紹介（他薦）で、現在活躍中の優秀な方にお会いするケースがほと

んどです。そういう方々は現職の仕事で満足されていますので、「今の仕事よりも、より面白く活躍できる機会があったら、お声掛けください」という**オポチュニティー・シーカー（より成長できる機会を探している人）**なのです。そういった方々の志向や能力、経験などを伺っておき、ぴったりフィットする案件が出てきたところで、候補者として「声を掛ける」というのがヘッドハンターの仕事です。

したがって、通常は、現職に満足して活躍している方に、新しいポジションの魅力度を説明し、転職への関心を喚起するところから話が始まります。

ヘッドハンターとしては、そうしてせっかく転職への関心を喚起し、候補者も紹介先企業も双方満足するかたちでオファーがまとまる努力をしたのに、そのオファーを契機に知人の会社への転職を意思決定されるとは、言ってみれば、「とんびに油揚げ」の手痛い状態です。

しかしながら候補者にとってみれば、「以前にも一緒に働いたことのある人と働く」というのは、信頼関係のベースができたところからスタートできるので、その分、早い段階から本質的かつ適切なレベルの仕事を任される、などの良い面が多々あります。そのため、知人からのリファレンスをベースにした抜擢には、ヘッドハンターもなかなか勝つことができないのです。

「リファレンス」とは、「相手がどんな人物で、どういう仕事をしてきて、どういった志向やクセを持っているか」を経験として知っている、その人の活躍できる背景情報を持っている、いわば〝文脈情報〟を共有していると言い換えてもいいでしょう。実は、「元同僚の推薦に勝る人材紹介なし」なのです。

裏を返すと、誰かに抜擢されるときに「リファレンス」を持っていれば、かなり強いのです。よくあるのは、転職によって若手がリーダーやマネジャーなどのチャレンジングなポジションを手に入れるときです。

たとえば、採用する側が頭を悩ませるのが、「なぜこの人は、この若さで『課長』という、他の同年代の人よりも高いポジションに入ってくるのか」を、社内の人にどう納得してもらうか、ということです。ワンマン社長の会社であれば、社長の「鶴の一声」による抜擢でもいいのですが、ある程度の組織化がなされている会社であれば、多くの人が納得できる客観的情報が欠かせません。

客観的情報といっても、それは、学歴や経験してきた社名など、属性に関する情報だけでは不十分です。また、実績に関する情報も、「○○さんは四つの企業で経験を積み、新規事業の立上げ請負人としてそれぞれの会社でこんな実績を出してきた。しかも、その新規事業によって、B社のマーケットバリューが一気に10倍になったらしい」という位の、きらびやかなものでなければ万人を納得させることはできません。

しかし、そのときに、「○○さんは、××さんと昔一緒に働いていたことがあり、××さんのお墨付きで入ってきたんだよ」と一言でいわれるリファレンスがあると、それだけで、「××さんの目に適う人なら間違いないだろう」と、社内のメンバーに対する説得力があがるケースがあるのです。もちろん、入社後は、他の社員からの信頼を得るための努力が必要ですが、導入としての「自分は何者かを知ってもらう」というプロセスを省いて、スムーズに社内に溶け込めることが多いのです。そのため、**経営者や人事担当者にとっては、リファレンスがある人のほうが抜擢・採用しやすい**のです。

「リファレンス」とは、自分の「コンテンツ」を共有している自分のファンとなる仲間が口コミ情報で活躍の機会を提供してくれたり、**抜擢の後押し**をしてくれることに、他なりません。

こうした「リファレンス」を作るには、最初は、仲間を増やしながら周囲の人たちとの信頼関係を構築していくしかありません。そこから新たな人脈を拡げ、そこでも少しずつ信用を獲得していく。一見、遠回りに思えますが、「急がば回れ」が、最も確実な方法なのです。

口コミを作る第一歩は、相手にその場を楽しんでもらうこと

では、仲間に情報を流通させてもらうには、どうすればよいのでしょうか。

そのためには、自分と接した仲間が、「思わず誰かに自分のこと（できればタグやコンテンツ）を話したくなる」ようにすることです。といっても、特殊な能力や複雑なテクニックが必要なわけではありません。なぜなら、**最も大切なのは、自分と接した仲間に、「その場を楽しんでもらうこと**」だからです。

誰かと話をして楽しかったり、ワクワクした経験は、たとえば翌日に、つい他の人に話したくなったりするものです。それが、「昨日、○○さんと話していたら、△△だってことがわかったんだよね」「実は○○さんって、××な経験をしているんだって」と、自分のインスピレーションや気付き、アイデアにつながる鮮烈な経験であれば、なおのことです。

こうした評判を上手に作れば、今度はその話を聞いた人が他の人に、「○○さんと話をすると面白いらしいよ」と伝え、やがてその評判が口コミに発展していきます。口コミに発展させるためには、「人脈スパイラル・モデル」の今までのステップで見てきたように、自分のタグやコンテンツが、相手にとってワクワクするものでなければなりません。仲間を通じてコンテンツの内容を磨いてきましたし、タグやコンテンツを相手に魅力的に伝えるコミュニケーション術も磨いてきましたので、その成果をフルに発揮すべきです。

もしここで、最初の仲間にあなたと時間を過ごしたことを喜んでもらえていないと、あなたと会ってディスカッションしたことが「良い評判」として他の人に伝わることはないでしょう。

「こんなに充実した時間を過ごせて良かった」という喜びが大きければ大きいほど、他の人に伝えるときに「熱気」を帯びてきます。そして「楽しかった」という熱気は、言語化された情報以上に心に響くものです。

ですから、**「自分の情報を流通させる」とは、すなわち「まず、目の前にいる相手に、自分とのディスカッションや会話を楽しんでもらうこと」**だと言い換えることができます。

そのときに重要になるのが、第2部のSTEP1「自分にタグをつける」でも解説した、「購買支援」の発想です。自分が「アピールしたいこと」や「伝えたいこと」を優先するのではなく、相手が「得をすること」「求めていること」に、まず応えるという姿勢が大切です。

それに相応しい環境として、対面で自分情報を流通させようとする場合には、できれば一対一で会って話をするべきです。複数で会う場合には、多くても3〜4人程度が目安です。それ以上の人数になると、お互いに「お土産感（＝お得感、聞けて良かった感）のある話」がしづらくなってしまいます。まずは少人数で、相互にギブ&テイクしながら信頼関係を構築することが大切です。

勉強会などの仲間と話をする場合にも、自分の志向や関心事について、しっかりと話をしたい場合には、勉強会メンバーとも勉強会の場ではなく、一対一でランチをするなど場所を変えるなどの工夫が必要でしょう。

その上で、「最近、こういうものに興味がある」「あれをやってみたいと思っているんだ」という自分のタグを、相手に伝えていきます。

仲間にタグを伝えておくと、どこかで誰かに会ったときに「そういえば、○○さんが『あれをやってみたい』と言っていましたよ」と伝えてくれる確率が高まります。「タグの独り歩き」です。ただし、自分の希望や考えばかりを伝えることにこだわってはいけません。主張が強すぎると相手は引いてしまいますし、やり方がまずいと「なんだ、自分を売り込みたいだけか……」と思われる危険性があるからです。

また、当たり前の話ではありますが、自分の希望だけを伝えていると「あの人って、自分の話だけして、人の話には興味がない人なんだよね」と言われてしまう可能性があります。これはテクニック論ではありますが、私の場合には、自分のタグを伝える時には、「○○について興味ある?」とか「○○って最近注目されているらしいけれど、何か知っている?」など、相手の興味・関心を巻き込む質問をすることからスタートしています。

少し語弊があるかもしれませんが、ビジネス上の仲間との関係性は、投資対効果を意識した、ある程度の打算の上に成り立たせておくべきです。もちろん、この打算があまりにも薄っぺらいと、すぐに看破されてしまいます。ですので、長期的にお互いがメリットを享受し合える打算――いわば**「健全な打算」**を基盤にしなければなりません。

いくら「健全」といっても、「打算」という言葉にはネガティブなイメージがあります。当然ながら、プライベートな人脈の中で「打算」を振りかざせば敬遠される可能性が高いでしょう。しかし、ビジネスの人脈においては、「打算」は正当な手段の一つです。むしろ、自分がコンタクトする目的が相手にはっきりと伝わっていない状態では、「今日のアポイントは、何が目的なのかわからない」「何か、狙いや企みがあるのかもしれない」と、警戒心を与えることになりかねません。当たり前の話ですが、「私は損をしたくない」とか「少しでもデメリットやムダがあることはやらない」など、あまりに〝下品〟な打算のもとに行動していたのでは、仲間からの信頼を得ることはできません。そこには、お互いのメリットになるような、〝上品な打算〟が必要になってくるわけです。

また、世の中には、時間という希少資源に対する感覚値があまり高くない人もいますが、「会って話をしている」ということは、**お互いが「相手の時間を投資してもらっている」という認識**でいるべきです。

したがって、貴重な資源を割いてもらっている以上、「相手の時間を無駄にしない配慮」、すなわち「相手にとっても何かＷｉｎ－Ｗｉｎの成果を生み出す」ことを目指すべきです。それはたとえば、「自分のタグを押し付けるだけでなく、相手のタグを拾って広める」「相手が困っていること、求めていることを見抜いて、それに応える」などです。大切なのは、相手の立場に立ちながら、双方にメリットをもたらすベスト・ソリューションを考えること、そして、そのディスカッションや会話を自分自身も楽しむことなのです。

その結果として、もし目の前にいる相手に、「おっ、こいつは面白いやつだな」と思ってもらうことができれば、それはあなたのタグやコンテンツ情報が口コミで広がっていく第一歩になるのです。

「リマインド効果」と「レジュメ」のためのブログ活用

仲間に「口コミ」を作ってもらうことは、自分から情報を流していく手段、いわばプッシュ(Push)型の手段です。そのためには能動的に動かなければならないため、ある程度の時間と労力がかかります。また、どんなに頑張っても人には1日24時間しかないわけですから、対面で話をできる人の数にも限りがあります。一方で、誰でも自分の情報を閲覧でき、興味を持ってくれた人にはより詳細な情報を提供できる仕組みを作る、プル(Pull)型のやり方もあります。

それが「**ブログ**」や「**メルマガ**」です。

プッシュ型とプル型には、それぞれメリットがあります。プッシュ型のメリットは、「相手との関係性を深められる」「比較的、正確な情報が伝わる」などがあげられます。逆に、プル型のほうは、「手軽にできる」「より多くの人を対象に、自分を知ってもらえる」といったメリットがあります。

「抜擢される人脈力」を身に付けるには、プッシュ型とプル型の両方からアプローチしたほうが効果的です。両者は特性も違いますし、補完関係にもあるからです。特に、現在はブログという便利なメディアがあるので、それを積極的に活用するべきです。

ブログには、大きく二つの効果が期待できます。一つめは、「**多くの人に〝リマインド効果〟を与えられる**」こと、もう一つは、「**自分が何者かを示す〝レジュメ〟になる**」ことです。

「リマインド効果」とは、何かのときに「あっ、あいつがいたな」と思い出してもらえることです。定期的にブログを更新していれば、この確率が高まります。また、自分が日々考えていることや感じたことを書きつづっておけば、「なるほど、こういうことを考えている人か」「この人の問題意識や志向は、こういうところにあるのか」など、自分の「レジュメ」的なものとして、相手が自分に対する理解を深めてくれることにもつながるのです。

さらに、誰かに会ったときに「この前、○○さんがブログで書いていたあの話って……」と、会話やディスカッションのトピックスを提供する効果もあります。まさに紙面や時間の制約なく、自分の「コンテンツ」を披露できるのです。

ブログの効用は、情報を流通させるだけではありません。ブログは、自分の「タグ」や「コンテンツ」を磨くための、**テスト・マーケティングの場**にもなります。たとえば、「○○をやりたい」「××に挑戦しようと思っている」といった自分の志向を流通させたときに、読者や周囲の人がどんな反応を示すかを知ることができます。自分の構想を発信したときに、「それは面白いね」という肯定的なレスポンスが多ければ、その方向性で考えを深め、逆に、「だったら、こうしたほうがいいんじゃない」という反応が多いようなら、もう一度方向性ややり方を考え直してみる、といった感じです。自分のタグを広く仲間に見せ、その都度、軌道修正してもらう、ということを続けていくと、セルフプロデュースが上手になり、「自分ブランド」の強化にもつながっていきます。

また上手な形で**「問題提起」を行うコンテンツを作成する**ことができれば、いろいろな意見を集めることができ、それこそ、同じタグに関心のある仲間という人脈を形成することもできるのです。

自分の情報を発信するメディアは、ブログ以外にも存在します。たとえば、SNSなどもブログと同じ効果を得られます。今はさまざまなCGM（Consumer Generated Media＝利用者が主体となってコンテンツを作っていくメディア）があるので、こうしたチャネルを使って、色々な方面に自分の情報を提供する仕掛けを作っておけばいいのです。

もちろん、ブログを書いているだけでは人脈は広がりません。しかし「何かのときに思い出してもらう」「自分のことをより深く知ってもらう」ための側面支援と考えれば、ブログは人脈力を強化する格好のツールといえます。

大切なのは、ブログにせよSNSにせよ、定期的に更新し続けることです。情報の流通は、一度のチャンス、一つのチャネルで〝一発必中〟を狙ってもなかなかうまくいきません。それよりは、**最小限の力で、複数のチャネルに繰り返し情報を流していくことが大切**なのです。

日々のアクセス数やコメント数を気にする必要もありません。情報を発信する目的は、「より多くの人に見てもらうこと」ではなく「リアルの世界で自分に興味・関心を寄せてくれた人に、追加・補足情報を提供すること」だからです。

何かのときに誰かが「○○さんについてもうちょっと知りたい」と思ったとき、**それに応えられるインフラを用意しておく**ことが重要なのです。

自分の情報を流通させるには、仲間うちからの「口コミ」が最も効果的なツールとなる。

「口コミ」は、誰かに紹介してもらう時の「知人からの推薦＝リファレンス」として効果が高い。

「口コミ」を起こすためには、「目の前の相手に自分とのディスカッションや会話を楽しんでもらう工夫、努力をする」「多くても3〜4人の少人数で会い、お互いに『お土産感のある話』ができる環境を作る」「双方にメリットのある『上品な打算』をベースにしたお付き合いをする」ことが必要。

ブログには、「手軽に、より多くの人を対象に、自分の存在を『リマインド』できる」「自分が何者かを示す『レジュメ』代わりに使える」「自らのコンテンツへの反応を測る『テストマーケティングの場』として活用できる」といったメリットがある。

STEP 5

チャンスを積極的に取りに行く

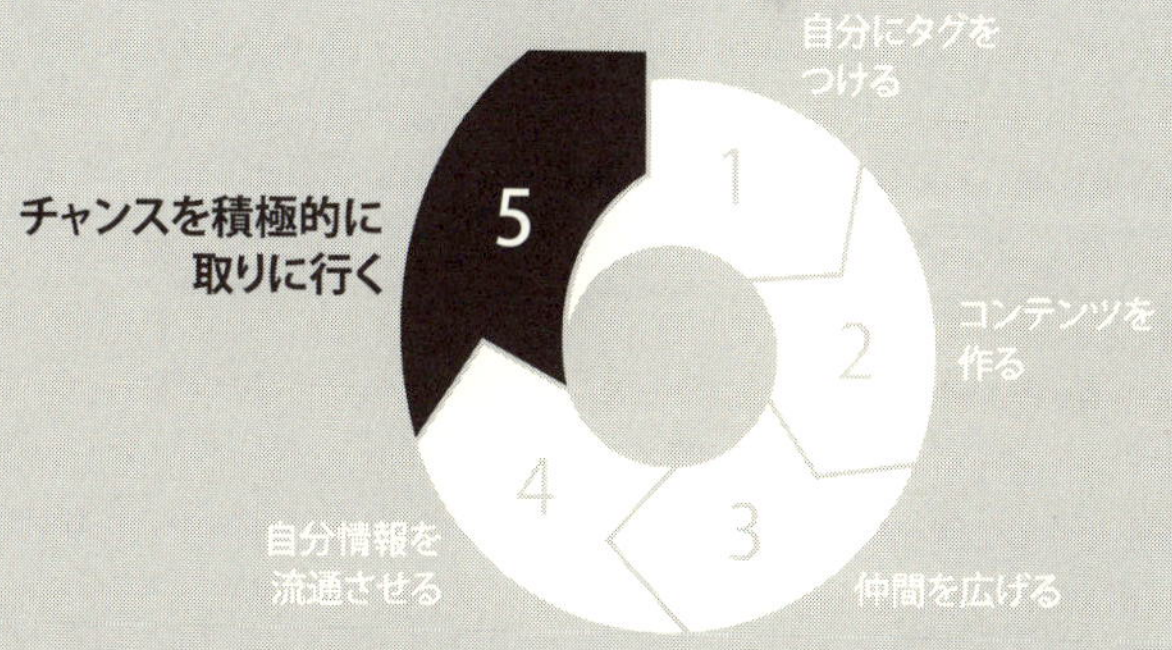

「上昇気流」がないと人脈レイヤーを上げられない

ここまでの「人脈スパイラル・モデル」の行動ステップで、タグを作って、実績というコンテンツを磨き、仲間を増やして、情報を流通させて来ました。いよいよ「人脈スパイラル・モデル」の収穫期である「チャンス到来」です。第5の行動ステップは、「チャンスには積極的に飛び込め！」です。

そのためにはいつ声が掛かってもいいように、「準備万端な状態」にしておく必要があります。私はこれを「**いざ、鎌倉**」と呼んでいます。そして、ここぞというときには積極的にチャンスを勝ち取りに行かなければなりません。とはいえ、チャンスは、いつ、どんな形で舞い込んでくるか予測できません。

情報を流通させた直後に、上司や先輩から「今度のプロジェクトでリーダーをやってみないか」と言われたり、仲間から「○○さんが、君に会いたいって言っているんだけど、どう？」と持ちかけられたりすることもあります。あるいは、半年～1年と時間が経って、久しぶりに会った先輩から「いま起業しようと思っているんだけど、仲間に入らないか？」と誘われることもあるかもしれません。情報が回りまわって、思いもしなかったルートから、思いもしなかったタイミングで声が掛かることだってあるでしょう。

大切なのは、**上昇気流が来たときに、それを逃さない**ことです。

上昇気流は、一度吹き始めたからといって、持続するという保証はありません。しばらく吹き続けることもあれば、ごく一瞬だけという可能性もあります。ですから、気流を感じたときには、与えられたその瞬間に反応しなければ駄目なのです。

この、人脈によってもたらされる上昇気流には、自分をワンランク上の活躍ステージである「人脈レイヤー（階層）」に一気に連れていってくれるという効果があります。逆にいうと、この上昇気流を使わない限り、少しずつ順送りにしか上に上がっていくことができません。活躍のレベル感が異なる人脈レイヤーというのは、現在のレイヤーとは非連続の位置に存在しています。したがって、**上昇気流なしに人脈レイヤーの「時空を超える」のは難しい**のです。

たとえば、組織内においてマネジメント・レベルが上がる瞬間が、「上昇気流」の典型的な例です。会社におけるマネジメントの階層は、意思決定の権限範囲や難易度のレベルごとに、トップ・マネジメント、ミドル・マネジメント、ジュニアの三つに分けられます。

トップ・マネジメントとは、会社全体のバリューや強み、事業戦略など、What（何をするか）を考えて意思決定を行うレイヤーの人たちです。いわゆる経営陣や事業責任者クラスが相当します。何もないところからヒト・カネ・モノといった経営資源を調達し、組織としての目標と方向性を決定し、資源配分をし、それを全社に伝えていかなければならないため、トップには高いコミュニケーション力や調整力、ビジネスセンスなど、幅広い能力と知識が求められます。

ミドル・マネジメントは、トップが決めた目標を達成するために、How（どう実現するか）を考えるレイヤーです。マネジャーとして人と組織を束ねながら、商品・サービスのクオリティを担保し、組織としての成果を上げることが求められます。

ジュニア・マネジメントは、ミドルが決めたHowをプレーヤーとして実行に移すレイヤーです。数人の部下を持つこともあり、指示された目標を達成することが主要な責務です。

第2部のSTEP2「コンテンツを作る」でもご説明したとおり、上のマネジメント・レイヤーに上がるにしたがって、大きな責任とそれを果たすための実力（能力×実績×意欲）が求められるようになります。もし実力不足や経験不足によってミスをしてしまうと、責任が大きい分、組織全体に与えるダメージも大きくなっていきます。

そして実は、この三つのレイヤーの間には大きな「断層」があります。レイヤーが非連続の位置にあるため、同じ仕事を続けていれば時間の経過とともに、徐々にレベルが上がっていくというものではありません。**同じレイヤーの仕事を続けているだけでは、次のレイヤーへと断層を飛び越えることはできない**のです。それどころかずっと同じレベルに居続けると実力の伸びが鈍化し、いたずらに年齢を重ねてしまい、断層を飛び越えることがさらに難しくなっていきます。

マネジメント・レベルを上げるには、どこかのタイミングで「抜擢される」「小さなチャンスをもらう」ことによって、断層を飛び越える「きっかけ」が必要なのです。そして、人脈がもたらす「上昇気流」こそが、このきっかけを提供し、レイヤーを上げさせてくれる絶好の機会なのです。

なぜ人は上昇気流を逃すのか？

わかりやすく体感していただくために、37歳の時にご相談に見えたYさんの事例をご紹介しましょう。

Yさんは、東京大学を卒業された後、大手都市銀行に入行。行内でもエリートコースを歩み、海外駐在や合併準備室で活躍し、将来を嘱望されていました。

しかしながら、合併を繰り返して銀行が巨大化する中、企画畑の人間としては重宝されるものの、スペシャリスト的なプレーヤーとしての仕事が多く、部下を束ね、チームとして業績管理や意思決定を行う権限が与えられることは、この先も見込めそうもない状況でした。そもそもYさんが銀行に入行したのは、お金という資源を通して経済の仕組みを理解したい、その資源を使って日本企業を元気にする仕事に貢献したい、という動機からでしたが、巨大になった銀行では、職務が細分化され、任される業務と自己実現の距離は遠くなるばかり、という不安を抱いていました。

入行15年目のある時、Yさんのもとに、新しい金融サービスの企業から営業企画マネジャーとして招きたい、部下20名を束ねて組織の成長に寄与してほしい、という誘いが来ました。

長年、業界の勉強会で一緒に切磋琢磨してきた友人がその企業に参画しており、Yさんの企画能力や人間性、そして「企業を元気にする金融サービスに資したい」というミッションを知りぬいて、声をかけてくれたのです。まさに、活躍のステージであるマネジメント・レベルを一足飛びに上昇させることができる「抜擢のチャンス」です。

Yさんは、知り合いのつてを辿り、私に相談に来られました。自分のミッションを追求でき、意思決定権限や部下育成の裁量が広がるという、マネジメント・レベルを上げられる仕事にはとても惹かれるが、新しい金融サービスの成功確率は不明であり、ハイリスクに見える。一方、現職では将来を嘱望されており、不満はまったくないが、自己実現できそうなタイミングは相当先になりそうだという不安がある、ということで、非常に迷っておられるようでした。

結局、Yさんは、この「抜擢の機会」に応え、転職の意思決定をされました。入社後のYさんは、営業企画のマネジャーとして、部下20名の戦力化に寄与し、期待に大きく応える貢献をして、1年後には部長へ昇進し、責任範囲と権限も拡大しました。成長期のベンチャー企業の拡大路線において、事業計画の再構築も担うなど、まさに企業の中心的な役割を担う働きをされたのです。

ところが、転職されて5年目のある日、突然のことながら、同社は大手金融機関に買収されることとなりました。新しい親会社からの制約の中で拡大路線は凍結となり、一部社員のリストラも行わなければならなくなりました。Yさんは、希望退職社員の転職先の相談にも親身になって対応し、自分の責任は全うしたとの思いから、次の活躍の機会を探すことにしたそうです。同社の中心人物であったため、親会社からの信任も厚く、慰留の声も高かったとお聞きしました。

買収の新聞報道を見た知人や友人からさまざまな転職の誘いが来たこともあり、現在はその時に声掛けのあった1社にCFOとして着任し、新たな活躍をされています。

最近お会いしたYさんは、「5年間、本当に濃い経験ができ、あの時チャンスに身を投じて良かったと思っています。拡大路線の中で、部下を育て組織を大きくする経験も、リストラを断行しなければならない状況の中で、精神的に大変辛い修羅場を乗り越える経験も、体験することができました。確かに大変なこともたくさんありましたが、次の機会を探そうとした時に、これだけ多くの方からさまざまな機会にお声掛けいただけたことに、本当に驚きました。あのまま銀行に残っていて42歳で転職しようと思ったら、同じようなお声掛けはいただけなかったと思います」と話してくださいました。

Yさんは、「抜擢」の声に応えることによって、上昇気流に乗り、ジュニアからミドル・マネジメントの断層に飛び上がることに成功しました。そしてミドル・マネジメントとなり、チームとしての業績貢献を実現して社内昇進をし、トップ・マネジメントに近いレベルの仕事を担うに至ったのです。

環境の急激な変化によって、リストラのような後ろ向きの仕事にも携わることになったわけですが、そのつらい経験における姿勢や人間力までもが、上がった人脈レイヤーの中で評価される結果となり、多くのさらなる抜擢の機会が舞い込むこととなったのです。

目先の仕事が忙しすぎて考えられない、気の合った仲間がいる、職場で頼りにされている……。目の前に差し出された「上昇気流」をやり過ごしてしまう理由は、人によってさまざまです。「**人間は、習慣の奴隷である**」という言葉がありますが、習慣と相反する、変化を伴う決断は難しいものであり、その決断をつい後回しにしてしまいたくなるのは、人間のサガとも言えるでしょう。

しかし一度「上昇気流」を逃すと、逃したことで生じた差を埋めるのは非常に難しくなってしまいます。Yさんのケースで言えば、部下のマネジメント経験がないにもかかわらず30代後半で転職の誘いが来たこと自体が、実は**希少な「上昇気流」だった**と言えるかもしれません。

もちろん、やみくもに転職を薦めるつもりは毛頭ありませんが、年齢や自分のマネジメント・レベル、そして自己実現への可能性を勘案した上で、上昇気流にのるタイミングを見極めるべきだ、と申し上げているのです。

前述のYさんには、2度目の上昇気流が吹いてきたようですが、このように上昇気流が吹き始めたときにはいいことがたくさん起こり、同じ人脈レイヤーの人から後押しされたり、上位の人脈レイヤーの人から引き上げてもらえたりするような出会いも増えます。もし、あなたの周りに「上昇気流」が吹き始めたら、絶対にそのチャンスを逃してはいけないのです。

「人脈モテ期」には相手に自分の身を任せる

では、「上昇気流が吹いているかどうか」は、一体どのように判断していけばいいのでしょうか。その目安は、「**今までやれそうもなかった仕事に挑戦できそうなとき**」「**これまで会えそうもない人と話をするチャンスが生まれたとき**」です。

こうした状況を、私は「**人脈モテ期**」と呼んでいます。

私自身の経験でも、また「経営のプロ」の方たちから伺う経験談の中でも、皆さん、この「人脈モテ期」を体験されているようです。「最近、今までになかったようなチャンスが、次々と舞い込むなぁ」という時期です。仕事で抜擢される機会や、今までと違った種類の仕事に声をかけられる機会、勉強会に招かれる機会、取材や講演を頼まれる機会などが一挙に押し寄せる「モテモテな」状況です。「人脈モテ期」とは、**ワンランク上の活躍のステージ(舞台)に続く扉が開かれている瞬間**のことです。この「誰かに買いかぶられて、実力以上のことに挑戦できる」という状況は、あなたをより大きく成長させてくれるチャンスです。新しい人に引き合わせてもらえる機会が増えたり、誰かから「これをやってみない?」というチャンスが舞い込んできたりするわけです。

このときに大切なのが、「**相手に自分の身を任せられるか**」ということです。

チャンスが来るときは、必ずそこに自分を抜擢してくれる人が用意した「舞台」があります。舞台に上がって、いきなり「自分のやりたいことができそうだ!」と、自分本位なやり方で踊り始めてはいけません。多少自分のやり方と違ったとしても、まずは相手から求められている踊りを舞い、「その瞬間に自分が持っているものをすべて出しきる」という感覚で、全力を尽くして舞台を成功させることが必要です。舞台に上がったら、まずは「相手から求められている成果を出す」ことが重要です。

抜擢してくれる誰かには、必ず何かの「思惑」があります。たとえば、「自分は新しいことに挑戦したいので、既存の事業を担ってくれる代わりの人がほしい」「自分一人では手一杯なので、悩みを共有できる右腕がほしい」といった思惑かもしれません。「こいつは面白そうだから、何かやらせてみよう」と、あなたのタグやコンテンツから類推できる可能性に期待しているケースもあります。

抜擢される際に、その「思惑」を見抜ければベストですが、あまりここにこだわりすぎてもいけません。相手の思惑にかかわらず、目の前に与えられた役割を果たすために「何とかしよう」と成果を出そうとする姿勢こそが、周囲からの信頼につながるからです。

自分が乗せられた舞台と、そこで求められている役割に徹し、最後までやりぬく。この積み重ねをしていないと、なかなか次のチャンスが巡ってきません。

そういう意味では、たとえ「自分のやりたいこととは完全には一致しないかな……」と思えるチャンスでも、相手が用意してくれた舞台に乗った以上は、「身を任せて全力を尽くす」ことが大切なのです。

私の場合でいうと、最近、講演会やセミナーのファシリテーターとして声を掛けていただく機会が増えています。ファシリテーターとは、単純な司会ではなく、会議などの場で発言を促したり、話の流れを整理したり、参加者の認識の一致を確認したりすることで、論点を絞って議論を活性化させ、相互理解を促進して合意形成へと導いていく、いわばオーケストラの指揮者のような役割です。

最近、色々な方面からファシリテーターを務めてほしいというご依頼をいただくのですが、そのきっかけの一つは、以前、グロービス・クラブというセミナーで参議院議員の川口順子先生と対談させていただいたことでした。

私はファシリテーションの専門的な訓練を受けたことはないのですが、グロービス・マネジメント・バンクの社長として、ベンチャー経営者向けのカンファレンスや、キャリア・セミナーなど数々のイベントでファシリテーターを務めていたこともあって、川口先生をお招きするにあたり、対談の相手として私に白羽の矢が立てられたというわけです。

川口先生とは、そのときが初対面でした。非常に多忙なスケジュールの中でご登壇いただいたので、事前の打ち合わせも5分程度しか時間がありませんでした。しかし、あらかじめ川口先生の著書や講演録をしっかり読み込んで準備をしていたので、対談では世界に通じるリーダーシップについて内容の濃いお話を引き出すことができ、楽しくお話させていただくことができました。控え室での雑談を通して、川口先生の姪御さんが私の三菱商事時代の後輩にあたることがわかったり、意外なご縁がつながったこともあって、その後も、ダボス会議でお目にかかった際にお話させていただくなどの機会に恵まれました。

その数カ月後、川口先生から、「今度、小泉純一郎元総理をゲストにお招きし、私の講演会をやるのだけど、あなた、司会やってくださらない？」とお声掛けをいただいたのです。依頼されたときは「大ファンの川口先生からのご指名なので、ぜひお引き受けしよう」と、ことの重大さもわからずに、気軽な気持ちでお受けしました。しかしながら、期日が近づいてくると、この講演会は、

「川口先生にとって参議院選挙前の非常に重要な講演会であること」

「総理退任後、公の場での講演を控えていた小泉元総理が『川口先生だから』と、退任後初めて半年ぶりに講演される公の席であること」

「当日は１０００人以上のお客様が集まり、マスコミや政財界の重鎮の方々もいらっしゃること」

などがわかり、さすがに緊張してきました。

そこで、なぜ川口先生が、「プロのアナウンサーではなく、私を指名したのか」という「思惑」を、いろいろと考えてみました。考えられる理由は、「政治的に色のついていない人がいい」「ギャラが低い人がいい」「市民の目線でざっくばらんに切り込んでくれる人がいい」「小泉元総理がいらしてもビビらない人いい」……などなどです。ご本意はいまだにわかりませんが、もしか

したら、これから世界レベルでがんばろうとしている（若手？）女性だから、抜擢する側として「引き上げてあげよう」と思っていただけたのかもしれません。

開会直前まで、さまざまなことを考えて緊張は続きました。当日の控え室で、川口先生が小泉元総理とサントリーの佐治社長（川口先生の後援会である一七会会長）に、「こちらが、今日の司会をしてくださる岡島さん。岡島さんはダボス会議の Young Global Leaders で世界の250人の一人に選ばれたんですよ」と紹介してくださると、小泉元総理は、「女性は実にパワフルに活躍しているねぇ」とにこやかに言われ、しっかりと握手をしてくださいました。すると、単純な私は一気にパワーをいただいて、

「プロの司会者じゃない私を指名されたのだから、ここは素人らしくノビノビやるしかない。とにかく、いらした皆さんが元気になる『楽しい会』になるために、私なりに努力しよう」

と思えたのです。

講演会は、小泉元総理と川口先生の素晴らしいお話で成功裏に終わりました。お二人のディスカッションに続いて私は簡単な質問をさせていただいたのですが、お二人の魅力的な回答のやりとりにリーダーの発する圧倒的なオーラを感じました。私は本来、政治の世界とは遠いところにいるのですが、この講演会にお声掛けいただいたおかげで、二人の「真のリーダー」に身近に触れる機会を得るという本当に素晴らしい経験をすることができました。お二人のリー

ダーシップスタイルについてもいろいろと発見があったため、大学院で教えているリーダーシップの授業への大きなインプットにもなり、後援会から思わぬ副産物も得られたのです。

自分の限界を自分で決めず、積極的に飛び込め！

小泉元総理や川口先生の講演会でファシリテーターをすることは、ヘッドハンターという私の「本業」に直結しない仕事です。もちろん、私もファシリテーター業に転向することは考えていません。

それでは、自分のやりたい仕事に直結するチャンス以外は断ったほうがいいのでしょうか。それとも、チャンスを与えられたら、どんな場合にも引き受けたほうがいいのでしょうか。

実は、私もいま現在、この質問に対する正解は持っていません。抜擢の機会や多様なお誘いが増える中、優先順位の付け方や、判断の軸をどこに設定するかは非常に難しく、私も常に迷っている、というのが本音です。何もかもお引き受けしていると、たくさんのタグができすぎて、自分が何の専門家なのか、という自分ブランディングがぼやけてしまう、という懸念があります。一方で、お誘いを断ってばかりいると、自分の可能性を自ら限定してしまうかもしれません。ぜひこれについては、いろいろな方のご意見を伺ってみたいとも思っています。

　今のところの私の回答は、「チャンスを与えられたら、よほどのことがない限り、お引き受けすることを検討する」というものです。基本的には、「経営のプロ人材への成長の機会を創り出す」という自分のミッションに何らかの形で寄与するかどうか、ということを自問するようにしています。従って、「よほどのこと」というのは、このミッション形成から著しく逸脱している場合で、そういったご依頼については、申し訳ないながら辞退させていただいています。

　世の中の皆さんにわかりやすくするために、私は自分のことを「あえて」ヘッドハンターと呼んでいますが、私の仕事の実態は、「人材を切り口とした経営コンサルティング」だと思っています。もっと言えば、真の「経営のプロ」人材を増やすことができるのであれば、自分の業や肩書には、特にこだわるつもりはないのです。

「**自分の仕事のドメインは自分で定義する**」。これが、現在の私のスタンスです。

　クライアントのいる仕事をしていますので、当然、優先順位には留意する必要がありますが、自分の限界を自分で決めず、機会には積極的にチャレンジするようにしています。

　私がそう思うようになったのも、これまでの経験から学んだことが多いからだと思います。自分の目線の低さもあり、「その世界をよく知らない」といった理由から、飛び込むことを躊躇しそうになっていた機会の中にこそ、チャレンジしてみたら実は自分の世界観を凌駕するきっかけになった経験がありました。また、周囲の友人からもそういった事例を耳にする機会が多かったことも、影響しているのかもしれません。

そのわかりやすい事例の一つとして、現在、スパ業界の第一人者として活躍されている梶川貴子氏の例をご紹介しましょう。

梶川氏は、ボストン・コンサルティング・グループでの経営コンサルティング、日本コカ・コーラなど外資系企業でのブランドマーケティング、ITベンチャー企業でのインキュベーションを経験され、2001年にウィンザーホテル洞爺湖の再生プロジェクトのマーケティング担当役員に抜擢されました。

ブランドマーケティングの経験は豊富にあったものの、梶川氏にとってホテル業は初めてのサービス業です。しかも、ホテル業という特殊な業界で、かつ再生という特殊な環境の中に飛び込んだわけです。

旧ホテルの閉鎖を乗り越えての再建であり、新たなホテルのブランディングのためにも付加価値を高めるサービスを重視し、その目玉として、三ツ星フレンチレストラン招聘に加え、本格的スパ（温浴施設）を開設することになりました。

開業までは、たった7カ月しかありません。梶川氏は当然、スパ開設の外部専門家を雇い、準備を行うものだと思っていたそうです。ところが、再生の局面ではその金銭的余裕もなく、本業であるホテルのマーケティング準備に加え、まったくの未経験であるスパ開設準備をも、梶川氏が担うことになったのです。まさに、当初期待されていた役割外の仕事です。

梶川氏は、スパ（エステ）のコンセプトやメニュー作り、価格決定などに加え、セラピスト（施術者）の全国からの採用、彼女たちの寮やふとんの準備、徹底的なトレーニングなどを行い、何とか開業にこぎつけたそうです。全国でも珍しい本格的なホテルスパである、この『ブルーム・スパ・トーヤ』は、開業後に大人気を博し、ウィンザー洞爺湖がリゾートホテルと言われる所以ともなったのです。

梶川氏は、その後、ウィンザー洞爺湖でのホテル再生の手腕を買われ、故郷である宮崎のフェニックス・シーガイア・リゾートの再生に大きく貢献されました。そしてシーガイアの再生において ご自身の役目を終えられ、現在はスパ事業会社である『ウェルネス・アリーナ』を起業されています。軽井沢プリンス、恵比寿スパ・コクーンなどの運営受託や、スパコンサルティングなど、スパ事業全般を幅広く手掛けられ、生き生きと活躍されています。

梶川氏にとって、ウィンザー洞爺湖で当初期待されていた本業は、スパ事業ではなかったわけですが、スパという舞台を与えられ、そこで試行錯誤しながら全力でやりぬいて成果を出した結果が、今や業界の第一人者として、「梶川貴子氏＝スパ」と言われるまでの成功につながったのです。

このように、**「抜擢される人脈力」では、「核になるドメイン」が必ずしも最初から決まっているわけではありません。**梶川氏の場合にも、最初から「スパをやりたい」「スパ事業につながる人脈を作りたい」と思っていたわけではないと思います。少なくとも彼女の最初のタグは「スパ事業の第一人者になる」ではなかったはずです。

目の前の課題を一つずつがんばり、成果を出すことでビジネスの基礎体力を鍛え、自らさまざまなアクションを起こして小さなチャンスを呼び込み、その一つひとつに誠心誠意応えながら、自分を磨いてきた結果が、現在につながっているのです。これまでの章でも述べてきたように、その一連の過程を見た人が、また次のチャンスをくれるというスパイラルが起き、それが人脈の拡大、チャンスの拡大につながっていくわけです。

人脈は「レイヤーアップ」させなければ意味がない

「人脈モテ期」に入り、自分の周りで上昇気流が起こると、最初の人脈レイヤーでの人脈がどこかで陳腐化することがあります。

たとえば、「**インプットよりアウトプットのほうが多くなったと感じる瞬間**」が、そのタイミングの一つです。一つ上の人脈レイヤーの人に引き上げられると、元のレイヤーにいる人と仕事をしたり、話をしていても「得るものが少ないな」と感じるようになるかもしれません。

人脈は、これまで「無限に横に広がっていくもの」と考えられてきました。しかし、ビジネス上での人脈は、広がった人脈の中で、「A：残っていく人脈グループ」と「B：陳腐化していく人脈グループ」に峻別せざるを得ないことが起きます。特に自分のレイヤーが上がったときに、「人脈A」だけが残る、というようなことがあります。色々な人脈グループの中で取捨選択が行われ、生き残ったグループだけが、再び上のレイヤーを目指して伸びていくというふうに、人脈が縦に積み上がっていくイメージで考えたほうがよいのです。

ここであえて「人脈B」とのつながりを補強しようとしても、自分のアウトプットだけが大きくなってしまう上、どうしても議論のレベルや方向性がずれるようになります。そうなると、ギブ&テイクにもとづく生産的な切磋琢磨が難しくなってしまうので、自然と関係が淘汰されていく可能性もあります。

いつ「人脈モテ期」が来るかは、人によって異なります。ですから、少し酷な言い方ですが、もしこれまでの人脈の中で、自分だけが上のレイヤーに上がってしまったと感じたら、その人脈はひとまず卒業したほうがいいでしょう。そして、かつての仲間の周りで上昇気流が起きたときにその仲間のタグやコンテンツを流通させるのに一役買い、一つ上のレイヤーに上がるきっかけ作りに協力すればいいのです。

もちろん、仲間のほうが先に上のレイヤーに上がることもあります。そのときは、先に上がった仲間に追いつけるように、より魅力的なタグを考えたり、自分のコンテンツをさらに磨いていけばいいのです。もしかしたら、その仲間が自分を上のレイヤーに引き上げてくれる人になるかもしれません。

大切なのは**「常に上のレイヤーを目指す」**という姿勢です。

現代は「価値」の陳腐化のサイクルの速い時代です。つい半年前まで「この仕事ができる人は市場価値が高い」と言われていた人材も、市場環境の変化や新しいテクノロジーの出現などによって、賞味期限が切れてしまうという現象はもはや珍しくありません。

いつも成長する姿勢を保ち、努力を続けること。「抜擢される人脈力」を身に付けるためには、それが絶対に欠かせない要素の一つです。

自分を成長させるためには、**「背伸びしなければならない環境」に身を置く**ことが大切です。たとえば、自分の80%くらいの能力で成立してしまうディスカッションの場では、思考力や折衝力はいま以上には伸びません。「少し苦しいけど、120%の力を出せば何とかなりそうだ」という環境で経験を積み重ねて初めて、力がついていきます。少し背伸びをしていたら成長し、踵が地面に着いた、という感覚です。

これは、人脈レイヤーも同じです。できるだけ「井の中の蛙」になることを避けなければなりません。一つの目標を達成したら、今度は新たな自分の可能性を探していかなければ、上のレイヤーに昇ることはできないのです。

「自分にタグをつける」「コンテンツを作る」「仲間を広げる」「自分情報を流通させる」「チャンスを積極的に取りに行く」――。

この五つが「人脈スパイラル・モデル」を実現する行動ステップです。一度スパイラルが発生すると、最初にターゲットにした人たちよりワンランク上の人たちに会え、知恵を授けてもらえ、力を使ってもらえるようになります。そして、いつのまにか「やりたかったこと」がトントン拍子に進み、「最近こういう面白い人がいてね」と紹介し合い、さらにいろいろな人と有機的につながっていく現象が、自然発生的に起きていきます。

新しい人脈レイヤーに上がったときには、その人脈レイヤーの中では自分のタグやコンテンツは無名であり、必ずまた「I am Nobody」からスタートすることになります。同じレイヤーの人と比べて自分の能力不足を痛感し、能力開発ニーズを克服しながら、再び成長していくことになるのです。

新しいレイヤーの中では、まだ認知も少ないわけですから、再び「自分にタグをつける」というステップを踏み、新たな人脈スパイラルを回し始めることになります。2周目が終わったら、次は3周目。そして4周目、5週目とスパイラル状に上昇していくことによって、だんだんと実力が身に付き、さまざまな人とのつながりが強固になります。その結果、レイヤーの上昇に応じて、どんどん自分の予想を上回るようなレベルや種類の活躍の機会が舞い込み、自分自身の可能性が広がり、自分の自己実現のテーマが見つかったり、自己実現へ近づく道筋が見えてきたりするのです。

This chapter's review

「今までやれそうもなかった仕事」や「これまで会えそうもなかった人」にアクセスできるチャンスに恵まれたときが、「上昇気流」が吹いている「人脈モテ期」のサイン。

上昇気流に乗ったら、チャンスをくれた相手に「身を任せて」、とにかく舞台に上がる。

舞台に上がった後は、そこでの役割に徹して最後までやり抜かないと、次なるチャンスが巡ってこない。

上昇気流に乗ることで、さらに一段レイヤーが上の人脈が広がっていく。

第3部

人脈スパイラルの先には何があるのか？

——戦略的人脈構築の本当の目的

人脈スパイラル・モデルのゴールには二つの「自由」が待っている

さて、ここまでは、戦略的人脈構築の具体的実践方法である「人脈スパイラル・モデル」についてご説明し、「人脈レイヤー」を上げていくと、活躍のステージも上がり、「抜擢の機会」の頻度も種類も加速度的に増えていく様子について、見ていただきました。

ただ、人間は「体験したことがないことは、イメージできない」と言われています。人脈レイヤーが上がって、活躍の機会が増えることは、理論的には理解したけれど、実感がわかないなぁと思っておられる方も、正直いらっしゃるのではないかと思います。

そこで、この最終章では、人脈レイヤーを上がっていくと、どんな利点があるのか、どんな世界観が広がるのか、をご紹介します。人脈構築の努力をしたゴールには何が待っているか、のご紹介です。

先に結論を申し上げておくと、**人脈スパイラル・モデルのゴールには、「自由」が待っています**。この自由とは、以下の2種類です。

①働き方の自由度も含めて、やりたい仕事を選べる自由

②自分の信念・使命感を大事にする仕事を選べる自由

それぞれを、順に見ていきましょう。

働き方の自由

良い会社には、たいてい「自由な人」がいます。出勤時間や服装に縛られず、普段はフラフラしているのに、「ここぞ」というときには結果を出す。傍目にはまったく社内の仕事をしていないように見えるのに、ちゃんと成果をあげる人。

私の知り合いにもそういう人がいます。

たとえば、某家電メーカーの開発部門の人のケースです。毎日、普段着で通勤し、出社するやいなや社外に遊びに出てしまう。もちろん本当に遊んでいるわけではなく、情報収集をしたり、社外のさまざまな人と会ってつながりを深めているのです。

その格好や働き方を見れば「仕事もしないで、好き勝手ばかりして」と思ってしまいますが、実は彼自身の存在がR&D(Research & Development＝研究開発)のハブになっていたり、オープン・アーキテクチャ戦略（自社の情報を積極的に公開することで顧客やパートナー企業の利便性を高め、最終的に自社の利益を上げる戦略）の旗手だったりするわけです。

また、某出版社には、在社時間が限りなくゼロに近い編集者もいます。昼間から自分の好きな映画を見て、人と会って雑談をしているだけのように見えます。しかし、それが次の本のネタになったり、事業企画につながったり、一見遊んでいるように思える行動がヒット作品をプロデュースするための地盤になっているのです。

彼らは、組織のしがらみや細かなルールなどの「呪縛」（固定概念）にとらわれることなく、自由に、自分らしい働き方をしながら、大きな成果をあげています。こうした**自由な働き方が許されるのは、申し分のない実力と社内外に良質な人脈を持っているから**です。

こうした実力と人脈を手にするためには何が必要か。それが「人脈スパイラル・モデル」の五つの行動ステップです。

これまでに紹介してきた「人脈スパイラル・モデル」の考え方は、究極的には彼らのような「自由な働き方」を手に入れるための手段です。自分が付加価値を生むのに最も適した働き方を選べる自由、とも言えるかもしれません。

誤解を恐れずに言えば、人脈レイヤーを上げる目的は、自分の実力をアップさせることでも、より多くの人とのつながりを作る――つまり人脈を広げることでもありません。これらは手段であり、本当の目的は、**自分というリソース（資源）を自らの意思で、自由に使いこなすこと、それによって、「自分らしい働き方・生き方」を見つけることな**のです。

自分の「できる仕事」しかしていなかった人が、自分の「やりたい仕事」を選べるようになる、しかも、自分の価値観に合致した「仕事のスタイル」も選べるようになる、ということです。

たとえば、私の20年来の親友で、アルファブロガーとしても有名な渡辺千賀氏は、シリコンバレーに住み、日米の技術関連事業のアライアンスや戦略立案のコンサルティングを、個人事業主的な立場で行っています。

彼女は、今の働き方を勝ち取ってから「会議と会食と通勤がなくなったら、自分の時間が増えた。もう会社員には戻れない」と言っています。「自分の時間が確保できること＝自分の時間を自分でコントロールできること」で、「自分らしく」働ける。それによって、より高い付加価値を提供していける、というのです。渡辺氏の場合には、日本とアメリカ、技術と経営、の両方に精通し、豊富な実績を持っています。加えて、日本とシリコンバレーの技術コミュニティにおいて、貴重な人脈を構築してきたという事実もあるからこそ、代替不可能な希少人材となっています。だからこそ、働き方の自由を得て、いきいきと働くことができるのです。

ただ、渡辺氏の場合も、昔から「会議・会食・通勤のない働き方をしたいなぁ」、と狙っていたわけではないようです。

人脈レイヤーを上がると、今まで自分が想定しなかったような活躍の機会や、会えなかった人々に巡り合います。そうした機会を経験し、上位の人脈レイヤーの人々の働き方や付加価値の出し方を目の当たりにすることによって、「ああ、会議・会食・通勤のない働き方というのが、実は成立するのだな」ということがわかるようになるのです。そして、自分の時間を自分のペースでコントロールし、どう時間配分するかを決められる、ということが、「自分の働き方」を理想に近いものにする上で重要な要素だとわかり、「自分はそうした働き方のほうが好きだし、力も発揮できる」と体感していくわけです。

非常に重要なことですが、これは「勝手気ままに生きる」ということではありません。あくまでも自分の責任において、自由に「自分がなすべき貢献とは何か」を考え、制約条件を取捨選択し、**自分で優先順位を意思決定することが可能になる**、ということです。代替不可能な人材となったからこそ、**さまざまな呪縛から解放される自由と責任を得られる**、とも言えるかもしれません。

仕事を選べる自由

私自身も三菱商事やマッキンゼーで働いていた時には、さまざまな呪縛にとらわれていたのではないかと思います。当然、顧客に付加価値を提供するプロフェッショナルとして必要な規律もありますし、組織で成果を出す以上、チームとして守るべきルールもあると思います。ただ、お恥ずかしい話ですが、今思えば、当時はそういったこととは別に、「人より早く社内で出世しなければならない」とか「知的生産性の高い仕事の仕方をしなければならない」といった呪縛に、必要以上にとらわれていたのではないか、と思うのです。

こうした呪縛から解放されていったのは、グロービス・グループに入った頃からです。

私の上司、グロービス・グループ代表の堀義人氏が、職場環境を整えてくれたということも、大きな要因の一つです。堀氏は、「結果を出していれば、How（やり方）は岡島さんに任せるよ」と、子会社の経営については大幅に権限移譲してくれたこともあり、三菱商事やマッキンゼー時代に比べて、明らかに自分の責任と裁量が増えていきました。それによって、「自分は何ができるのか、何ができないか」を客観的に見られるようになったことに加え、「自分は何をすべきなのか」と深く内省する機会が増えたのです。

また、ヘッドハンティングの仕事に携わるようになって、人脈レイヤーが「ぐっと」上がる機会にも恵まれ、経営者や一流のビジネスパーソンとお会いすることが格段に増えました。ヘッドハンターの仕事は経営者の価値観をじっくりとお伺いする機会も多いので、働き方についてもさまざまな価値観を持つ方にお会いし、自分の働き方を見つめる良い機会になりました。それと同時に、経営者の方から「自分は、ある大きな使命感に突き動かされてこの仕事をやっている」という「**自分の使命感**」を伺う機会にも恵まれ、私自身も「**自分は何のために存在しているのか**」ということを考えさせられる機会が増えたのです。

深く内省する機会と、参考にさせていただける多くの先達に恵まれた私は、自分のことを客観的に見ることができるようになり、「自分がいきいきと働くためには、どんな環境が必要なのか」「自分がワクワクし続けるためには、どのような仕事のドメインを追求し続けなければならないのか」を考えるようになりました。

その結果、今の私を形作っている要素として、「自分は、世の中のエッジ（最先端）で情報に触れ、経験を積み、そこから得た洞察を発信することにワクワクする」ということがわかりました。そして、「『経営のプロ人材が成長できる場と機会を創出する』ことによって世の中に貢献することが、自分の使命である」、との思いが固まってきたのです。

左の図のように、マズローの欲求段階説には、①生理的欲求、②安全の欲求、③社会的（帰

マズローの欲求段階説

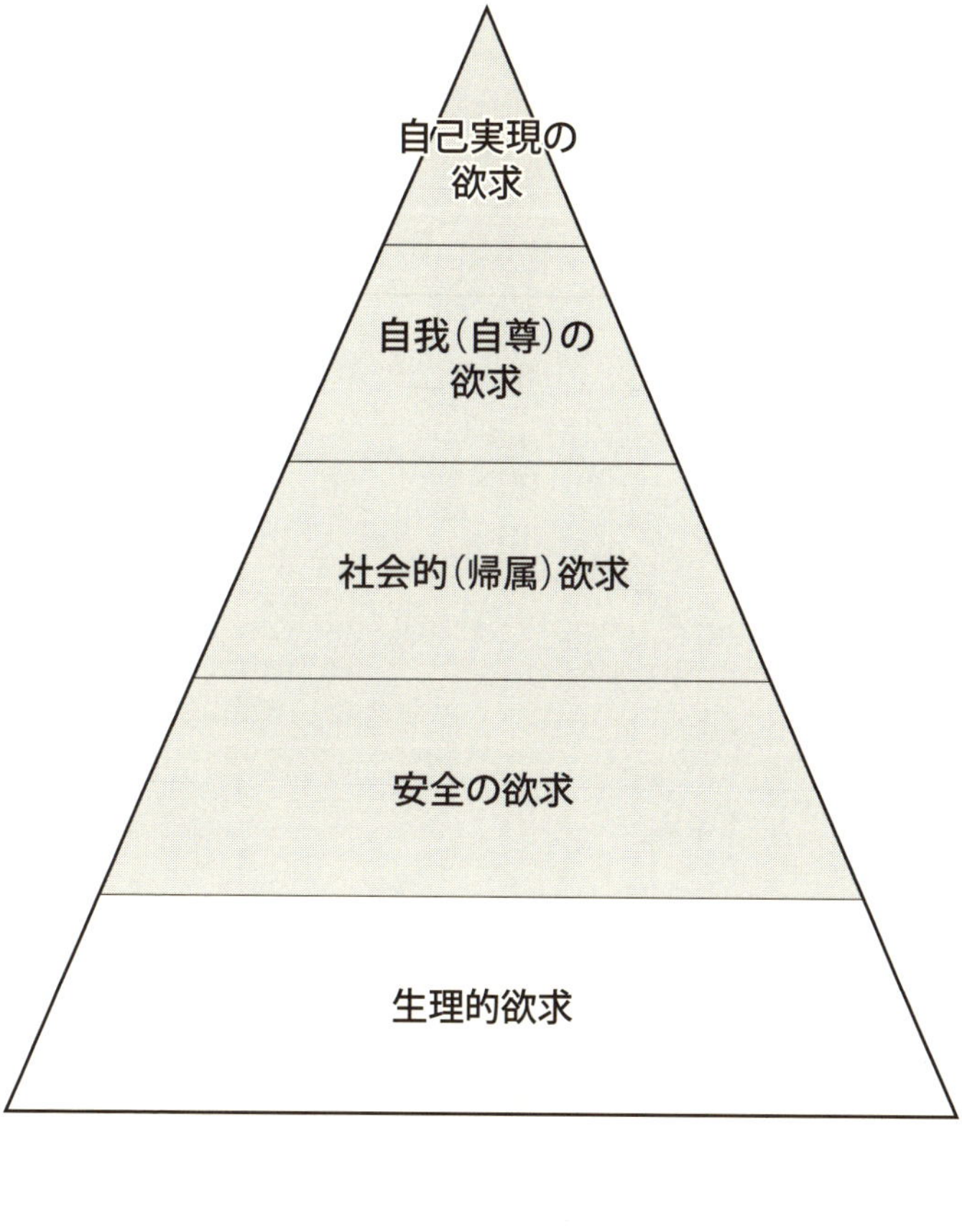

自己実現の
欲求
自我(自尊)の
欲求
社会的(帰属)欲求
安全の欲求
生理的欲求

属）欲求、④自我（自尊）の欲求、⑤自己実現の欲求、があります。私の場合、もともとは「優秀な人のいる組織に属したい」「優秀な人と働きたい」という③の社会的欲求が強く、続いて、「人から優秀と認められたい」「良い人と認められたい」という④の自我の欲求が非常に強かったと思います。人脈レイヤーがあがって、より高い目線の方々に触れ、また、自らを深く内省したことによって、「人から認知されなければならない」という呪縛を少しずつ捨てられるようになりました。そして、より自由に⑤の「自分の自己実現欲求とは何か」を考えられるようになった気がしています。

こうして、自分の使命感や、それを達成するための働き方について考えられるようになり、「3周目の人脈レイヤー」で、自分のタグとそれを裏付けるコンテンツを作りなおし、勉強会やブログ、講演での新たな発信などによって、改めて自分の情報を流通させていきました。

その結果、お付き合いする人の層——つまり人脈レイヤーが上がっていきました。自分の発信している使命感に共感してくださる方々（上位レイヤーの方々も同じレイヤーの仲間も）が、さまざまな抜擢をしてくださるようになったのです。

先に述べた、冨山和彦氏が経営共創基盤で一緒に働く機会をくださったこともその一つです。また、多くの経営者からご相談の連絡をいただくこと、本を出すこと、講演の機会をいただくこと、ダボス会議などの国際会議に出席する機会をいただくことなど、自分の限界を広げ、使命の達成を後押ししてくれるような活躍の機会が、どんどん舞い込んでくるようになったのです。

この方とコラボレーションの機会があるといいなとか、お会いして深い洞察を伺い刺激を受けたいなぁと、こっそりと自分だけの「**ウィッシュリスト**」に掲載しておくと、その機会がひとりでに出現してくるようになるのです。

「プロフェッショナルとは何なのか」ということを考える際に、沢山の著作を読ませていただきインスピレーションを与えていただいたソフィアバンクの田坂広志氏に、『ビジネスプロフェッショナルの仕事力』(日本経済新聞出版社)という本を監修するにあたってインタビューの機会をいただけたり、ロシアに続きヨーロッパで活躍している女性指揮者の西本智実氏や横浜市の中田宏市長と「グローバルに通じるリーダーシップとは何か」について話をする機会に恵まれたり、糸井重里氏と仕事をさせていただいている御縁で「戦後思想界の巨人」と言われる吉本隆明氏のお宅に伺わせていただき人間というものについての深い示唆をいただく機会に恵まれたりするのです。

使命感、などというと、ちょっと青臭い話に聞こえるかもしれません。若い方々にとっては、「使命感を感じること」とは、つまり、「自分が好きなこと、興味を持てること」の延長線上にある、と言うほうがわかりやすいかもしれません。「自分の好きなことには、最も熱中できる」

と私は思っていますし、実際に多くの経営のプロの方々の仕事ぶりを見ていてもそう思えます。

私にもたらされたさまざまな機会は、まさに自分の使命達成につながるもの、自分が興味の持てるものであり、そういった仕事には本当にワクワクと楽しみながら、時間を忘れてしまうくらい熱中して取り組むことができます。しかも、もたらされた活躍の機会を生かすことで実績ができ、さらなる機会が拡がりますから、**「自分の使命達成に貢献する仕事かどうか」という判断基準で仕事を選ぶ「自由」がますます確立できる**のです。

私の場合には、「人から優秀と認められなければならない」という呪縛から解放され、自分の信念に従って仕事をできるようになった今、雑念が消えて自分が努力すべきことがクリアになり、**「心がとても自由」**になった気がしています。

やらされ感でやる仕事から解放される自由、自分が信じる価値提供にのみ邁進できる自由、といったものを獲得することができると、本当に仕事が忙しいつらさがあったとしても、心はとても自由に感じるのです。

これが、「人脈スパイラル・モデル」によって人脈レイヤーを上げていくことの最大の価値であり、私が皆さんに人脈レイヤーを上げることをお薦めする理由なのです。

なぜ人脈レイヤーを上げると自由になるのか？

「人脈レイヤーを上げる」という響きに違和感を覚える人もいるでしょう。

今の仕事に満足できているなら、もちろん無理に活躍のステージを上げる努力をしなくても構いません。しかし、「もっと大きな仕事をしたい」「このままでは成長が停滞する気がする」「会社や上司から、いいように使われている」などと感じたときには、人脈レイヤーを上げるべきだというシグナルが出ている時です。**人脈レイヤーを上げることで新たに見える世界が広がっていき、こうした停滞感から脱却できる**のです。

たいていの場合、会社や上司は、あなたに未経験の仕事を任せてはくれません。やりたいことより、できることを頼んでくるものです。これは良い悪いではなく、仕事が利益を追求する経済活動である以上、企業として成功確率を上げるためには免れ得ないことです。

ただ、そこで活躍の舞台のレイヤーが変わらないままでいると、いずれ「最近、できることしかやってないな」と感じるタイミングが訪れるのです。人脈スパイラル・モデルは、そうならないため、もしくはそういう状況を打開する手段としてあるわけです。

レイヤーが上がるとなぜ自由度が増すのか、その理由は三つあります。

一つは、人脈を拡げる過程で実力がアップするからです。これまで述べてきたように、タグやコンテンツ作り、仲間との切磋琢磨の中で機会を与えられ、その機会によって自らが磨かれていきます。そして、実力が上がれば、仕事や働き方を選べる自由度も上がります。

二つめは、いろいろな人の力を借りられるからです。社内外の人脈が豊富になり、人脈にいる人々の中から直接的に仕事を手伝ってもらったり、知恵を借りるということができるようになります。つまり、自分以外のリソースを有効活用させてもらえるという自由が増えるのです。

そして三つめが、「なんだかんだ言って、最終的には結果を出すだろう」と自分を信頼してくれる人が増えるから、です。そのため、あえて非常に極端な言い方をすれば、たとえ毎日遊んでいるように見えても、成果をあげさえすれば、たいていのことが許されるようになります。

つまり、**あなたの仕事の「見た目（外形基準）」ではなく、「中身」で勝負できるようになる**わけです。

「自由な働き方」を実現するために必要なのは、実力と人脈の二つを持った代替不可能な人材――つまり「**オンリーワン**」になることです。

オンリーワンの存在とは、言い換えれば「自分の名前で仕事をする」ということです。ここで、個人の名前が会社の名前に負けていてはいけません。

第1部の第2章でも述べたように、これからは会社名ではなく個人の名前で勝負する時代になります。指標としては「○○社の方ですよね」と言われている状態ではまだまだで、まずは「××さんですよね」とか「○○社の××さん」と固有名詞で覚えてもらうことが大切です。

自分の名前で仕事をするために「独立・起業したほうがいい」と言っているわけではありません。この章の冒頭で紹介した人たちのように、会社に属していても個人名で活躍している人はたくさんいます。

オンリーワンであり続けるための努力をして、個人名が会社名に先立てば、**自分らしい仕事の内容と仕事の仕方（スタイル）を選べるようになっていく**のです。表層的なことを言えば、たとえば、毎日スーツを着て会社に行かなくてもいいし、自分の好きな時間に仕事をすればいい、となるわけです。同時に、会社の寿命より、自分の労働寿命のほうが長くなるので、「定年が怖い」ということもなくなるでしょう。

これが「自分を呪縛から解放する」ということです。

仕事でオンリーワンになると得られる五つのメリット

仕事においてオンリーワンの存在になれば、さまざまな「自由」が生まれてきます。たとえば、大きく五つのメリットがあります。

①「やりたいこと」を仕事にできる
②信念・価値観に合わない仕事を除外できる
③時間・労力などの投資に対する自由度が高まる
④視野と選択肢の幅が広がる
⑤仕事のチャンスの「流れ」が変わる

まず①については、オンリーワンの存在になると、誰かから求められるようになります。そうなると、自分の売り出し方（タグの付け方）がわかりやすくなり、ブランディングがどんどん簡単になっていきます。そのため「好きなこと」や「やりたいこと」を業務に組み込めるようになるわけです。

②の「信念・価値観に合わない仕事を除外できる」は、自由な働き方を手に入れるためにとても大切です。「呪縛」によって行動を制限されている状態では、「何のためにこの仕事をしなければならないのか」ということを飲み込まなければならない局面が出てきます。オンリーワンの存在になっていれば、そこで「仕方がない」「それが仕事だから」と我慢するのではなく、

「その仕事はやらないほうがいい」という選択ができます。

また、ある程度の実力がついて、自分のタグが流通していれば、相手のほうが「この仕事は○○さんの志向には合わないよな……」と自粛してくれることもあるでしょう。自分が周りに合わせなくても、周囲が自分に合わせてくれるようになるのです。

③の「投資に対する自由度が高まる」は、②とも連動しています。時間やお金、労力など自分のリソースは有限であるため、どのように分配・投資していくかが重要です。私も「この人には投資をしておかなければ」と思う人にお会いする時には、4時間でも5時間でもかけて話をします。ここぞというときに投資をするために、自分の時間や労力は自由に確保しておかなければなりません。そうしなければ、「この局面だ」「この人だ」と思ったときに、**惜しみなく自分というリソースを注ぎ込めないのです。**

次の④は、人脈が広がることによる最も大きなメリットでしょう。自分が思ってもみなかったチャンスが舞い込んでくることもそうですし、「なるほど、そういう手があったか」というアイデアやキーワード、引き合いが向こうからやってきます。**自分が規定している自分の限界を急拡大してくれるような機会**です。

そんなときは、自分のＣＰＵをフル回転させて、「これとこれをつなぐと、何かできそうだな」とか「この人とこの人を合わせるとＷｉｎ－Ｗｉｎになるよな」と、その機会がさらなる付加価値創造をするように考えていくことが大切です。

ここでさらに広い人脈を持っていれば、さらにレバレッジを効かせて、人の役に立つことができるようになります。「自分1人には限界があるけれど、この人と私が2人で入ったらこんなことができる」といった具合です。私も抜擢していただいた機会に、友人と3人で問題解決に当たらせていただくよう提案し、先方の期待を上回るような成果をあげたことがあります。

人脈スパイラル・モデルによって自分の実力と人脈を広げるということは、「自分らしく生きるための武器をたくさん持てるようになる」ということです。ロールプレイングゲームに喩えるなら、レベル（実力）が上がるにつれて、強力な武器・防具（人脈）をたくさん持てるようになっている状態です。ちょっとやそっとの敵では倒されないので、冒険（仕事）をグングン進められるわけです。

最後の⑤の「仕事のチャンスの流れが変わる」は、「最近アウトプットばかりしているな……」とか「今はいいけど、5年後にこの業界がどうなっているか分からない」「なかなかＷｉｎ－Ｗｉｎの状態を作れない」といった状況を打開するのに役立ちます。

うまくいかないときは、チャンスの球筋が悪いときです。そこで無理にボール球を打とうとせず、「流れ」を変えることが大切です。そして、流れはレイヤーを上げることで変えられるのです。

レイヤーが上がったとき、自分の活躍できるスペースが広がります。スペースが広がると偶発性の確率がアップします。すると、高い頻度でいろいろな角度から「何か」が起きます。「何か」は、そのときによってそれぞれです。上司が抜擢してくれたり、誰かの何気ない相談がチャンスにつながったり、小さな出来事からヒントを得ることもあるでしょう。レイヤーが上がると、その「何か」が起こりやすくなるわけです。

以上が、オンリーワンな人材になったときに得られる五つのメリットです。

自分を束縛しているものの正体を見抜く

「自由な働き方」といっても、それはワガママとは異なります。ちゃんと結果責任を果たしていれば、それは「裁量」になります。冒頭で紹介した開発部門の人や編集者も、R＆Dや企画立案といった役割を果たしているので「ちゃんと働いてください」とは言われないわけです。

逆に行動に制限をかけられる――つまり誰かにコントロールされてしまうのは、「**責任を果たす能力がない**」**と見られているから**です。コントロールされるということは、すなわち呪縛がある状態です。自分らしく働くための自由を手に入れるには、まずこの呪縛から脱却しなければなりません。そのために何が必要なのかを考えることが大切です。

とはいえ、行動に制限をかけている呪縛は人によって異なります。それは「自分の時間がない」ことかもしれません。もしくは「適切な裁量が与えられていない」、あるいは「私はそれをやるべきではない」と思い込んでいるだけかもしれないのです。

呪縛の正体を見抜くためには、前提を疑う必要があります。常識という名の「暗黙の前提」です。守るべき常識もあれば、単なる固定観念の場合もあるのです。「ここは変えてもいい」「こういう状態を願ってもいいんだ」と、今の状況が当たり前と片付けないことが大切です。

しかし、ここが難しいのも確かです。私自身も、ふと「まだ固定観念にとらわれていた」と思うことがよくあります。

たとえば、瑣末な例ではありますが、私は自分のことを比較的リベラルなほうだと思っていますが、友人に「いま、夫が無職になっちゃったから、私が食べさせているんだ」と言われたとき、とっさに「大丈夫なの？」と思ったことがあります。けれども、よく考えてみれば、アメリカでは夫婦のどちらかがリストラされたので、もう一人がその間家計を支える、といったことは、よく行われています。日本でそういった話を聞き、瞬間的に「えっ」と思ってしまうということは、自分自身が気づかないうちに、世間一般から刷り込まれた「常識」に惑わされそうになっているということです。

ですから、何かを考える時には「**自分は、ウソの常識にとらわれていないのか**」と自分に自問しながら、呪縛にとらわれないように気を付けています。

日本もだんだん実力社会・競争社会になって呪縛の数は減りつつありますが、まだ依然として強く残っているものもあります。「仕事とはつらいものである」「夫はずっと働いて家計を支えるものだ」「長時間労働することは美徳である」……。大なり小なり、何かしらの呪縛があるものです。

しかし、できる人・いきいきと働いている人は、行動に制限をかける呪縛の正体を見抜き、そこから自分を解き放つために、本質的には何が必要かを考えています。本質的に何が必要かを考え抜き、**自分なりの優先順位づけや、不要な物を捨てる勇気**を持っているのです。

極端な例ですが、Ｗｅｂクリエイターの中村勇吾氏は半年間集中して仕事をし、残りの半年は充電期間にあてているそうです。私も中村氏のような働き方がうらやましく、いずれはそういうことも検討したいなぁと思っています。将来的には、もっと多くの人に、こうした働き方も可能になるかもしれません。

もちろん「半年も充電していたら、かえって退屈してしまう」という人もいるでしょう。そういう人は別の働き方を探せばいいのです。大切なのは、呪縛を解き放ち「自分らしく働く」

こと、それを実現するために「人脈スパイラル・モデル」があるのです。

仕事は本来、とても楽しいもの

実力や幅広い人脈は一朝一夕で身につけられるものではありません。同様に、「自分が本当にやりたいこと」「自分らしさ」も簡単に見つかるものではありません。なぜなら、それは年齢や環境、そのときどきの状況によって変遷していくものだからです。抜擢されて初めて見えてくる世界もあれば、実際にやってみないとわからないこともあります。やってみた後にあらためて「やっぱり自分はこれがやりたかったんだ」と気付くこともあるでしょう。私自身、30歳のころを振り返ると、自分がヘッドハンターになる、とはまったく思ってもみませんでした。

しかし、「やりたいことが見つからないので保留にしておく」というのが、一番よくないパターンです。自分探しのために1人で漠然と転職や勉強を続けていては、いつまでたっても状況は変わりません。どこかで抜擢されたり、流れを変える努力をする必要があるのです。

繰り返しになりますが、**目の前の仕事に打ち込んでいない人のところにはチャンスはやってきません**。働くことは目的でなく、手段の一つです。今は、「仕事＝つらいこと・残酷なもの」、と語られがちですが、本来は、仕事はとても楽しいことであるはずです。

「プロとしてお金をもらって働くのだから、仕事はつらくて当たり前」と主張する方もいます。私も、真剣に仕事をして成果を出すことは必要だと思っています。しかしながら、つらい仕事や、自分が興味・関心のない「前のめり」になって取り組めない仕事で、本当に成果を出せるのか、そして「それでもがんばる」のは持続可能な努力なのか、については疑問だと思っています。

今、私が一緒に働かせていただいている、経営共創基盤CEOの冨山和彦氏は、よく「仕事ほど面白いものはない。仕事以上に知的好奇心を満たしてくれるものはない。よく仕事はもう十分に堪能したからセカンドライフを楽しみたい、と40代でアーリーリタイアメントする人がいるが、やはり仕事以上に長年にわたって楽しみ続けられる趣味などそうそうなく、たいていの人が1年くらいで仕事に復帰しているよね」とおっしゃっています。

まさに、そのとおりだと思います。「自分の使命感に合った仕事で、自分が貢献できている」という状態ほど、知的好奇心を満たし、充実感を味わい続けられることは、他にはなかなかないのではないでしょうか。24時間のうち、仕事に関係のあることをしている時間はとても長いですし、休日はプライベートなモードに切り替えているとはいえ、さまざまな情報が入ってきます。「好きなこと」や「楽しいこと」でなければ、絶対にどこかで嫌になってしまうでしょう。

人生は一度きりですから、「好き」を仕事にするか、仕事を「好き」に引き寄せるべきです。

そうすれば、必ずあなたの行動を拘束している呪縛から解放され、心が自由になり、自分らしい働き方を手に入れられます。そのとき、仕事は楽しいものになっているはずです。

人脈スパイラル・モデルに沿って努力をすれば、必ずや抜擢される機会に恵まれ、実績を積み上げ、そして成長と成功を手に入れることができると思います。ですが、繰り返しになりますが、人脈を広げることや経済的成功を得ることは、決して最終目標ではありません。

毎日楽しくいきいきと、自分らしく働ける。そんなすばらしい職業人生を手に入れていただくことが、人脈スパイラル・モデルの最終目標であり、本書を執筆した私の願いでもあるのです。

おわりに

「岡島さんは、何だかいつも楽しそうな仕事をしているけれど、どうやってそれだけ濃い人脈を持てるようになったのですか」

こう聞かれることがあります。この本を執筆しようと思ったのは、こうした質問を頻繁に受けるようになったこと、人脈構築のための努力をしている人が意外に少ないことに気づいたこと、具体的な努力方法を理論的に説明すると驚かれることが多かったためです。

私がこの本で最もお伝えしたかったことは、次の五つのポイントです。

・戦略的に人脈を構築すれば、抜擢で活躍する機会を獲得でき、人より早く成長できる
・活躍の機会をもたらしてくれる人脈は、意識して努力すれば、誰にでも構築できる
・誰もが実践できる人脈構築方法（人脈スパイラル・モデル）が存在する
・人脈と能力の両輪を磨いていけば、自らの予想を上回る活躍の機会が次々と訪れる

・その結果、仕事の選択肢の自由度が高まり、自分らしくいきいきと仕事を楽しめ、自己実現が可能になる

私は、仕事を始めて20年になるわけですが、その間に、本当にすばらしい方々との出会いがあり、人との付き合い方、人脈の大事さ、人脈の作り方、といったことを、学ばせていただいてきました。今回ご紹介した「人脈スパイラル・モデル」も、こうした方々からの教えと、そこからの気付きがあったからこそ培うことができたのです。

私の人との付き合い方のルーツは、人付き合いの天性の資質を持つ母を観察してきたことにあると思います。現在60代後半ではありますが、人との出会いを大切にしながら、現役ケアマネジャーの第一人者として、講演などで全国各地を飛び回っています。

夫の巳野聡央は、人との付き合い方は私とはまったく違うスタイルではありますが、だからこそ、私の人脈構築における強みの理解者であり、常に客観的な視点を与えてくれる最高の応援者です。

三菱商事には、人脈構築の達人とも言えるような上司、先輩がおられ、人脈構築がもたらす効用といったものを背中で見せていただきました。特に、私のメンターの一人である安渕聖司氏（現GEファイナンシャルサービス社長）は、三菱商事時代の上司ですが、人脈構築のため

の不断の努力の積み重ね方などを教えていただきました。10年以上前から竹中平蔵氏主催の勉強会に出席し続けるなど社外の人脈も厚く、人脈を構築することの効用とその先に広がる世界観を垣間見させていただけるロールモデルです。

マッキンゼーでは、プロフェッショナルに求められる能力やマインドなど、本当に多くのことを学ばせていただきました。また、マッキンゼーという組織そのものが、人材の宝庫であり、人脈スパイラル・モデルでいうところの「切磋琢磨できる仲間」の坩堝《るつぼ》でした。在職中も退職後も一緒に学び合えるような仲間や、人脈を紹介し合えるような仲間ができ、私の人脈の基盤とも言えるような存在です。

グロービスでは、代表の堀義人氏に、経営の経験への抜擢をしていただき、大きな成長の機会を与えていただきました。成長するためには抜擢されることがいかに重要か、を私自身が体感できたことが、この本で展開している理論の原体験となっています。

また、堀氏は非常に戦略的かつ能動的に人脈構築を実践されています。ダボス会議など世界レベルのカンファレンスにも出席するだけでなく、積極的にスピーカーやパネリストとして挑戦される姿と、それによって人脈スパイラルが次々と昇華し、活躍の舞台がどんどん高まっていく様子を、至近距離で観察させていただいたことで、人脈構築を戦略的に行うことの意義など、多くのことを学ばせていただきました。加えて、質の高いコミュニティなどにもたくさん推薦していただけたことは、私の人脈レイヤー上昇に大きく寄与しています。

グロービス時代、そして昨年設立した経営人材のサーチ・ファームであるプロノバと合わせ、過去7年間のヘッドハンターとしての仕事の中で、1000人を超える経営のプロ人材の方々と仕事をさせていただいています。こうした方々は、人脈を駆使した抜擢の結果が今のご活躍につながっておられるケースが多く、豊富な事例からさまざまな示唆をいただいています。

一橋大学大学院国際企業戦略研究科教授の石倉洋子氏は、グローバルに活躍するためのすばらしい見識と豊富な人脈をお持ちの私のロールモデルであり、メンターとして（勝手に）慕わせていただいており、いろいろな節目の時期にアドバイスをいただきに伺っています。

元産業再生機構COOの冨山和彦氏が、産業再生機構OBと設立した経営共創基盤では、冨山氏に同社の人的資源領域のアドバイザーとして抜擢していただきました。「人材投入型支援」という新しいモデルで企業価値向上を支援するという同社では、「経営のプロ人材に成長の場を提供する」という自分のミッションと同社の理念が合致するところが非常に多く、私自身の自己実現の場を与えていただけています。人脈構築の結果、抜擢され、自己実現の道が開かれたという事例でもあります。

このように、多くの人脈の達人から授けていただいた知恵と、ハーバードでの強烈な体験などの自分自身の経験をもとに、今回作り上げてみたのが「**人脈スパイラル・モデル**」です。

もちろん、私自身も人脈構築の修行中であり、人脈構築と能力開発の努力をし続けていかなければなりません。この人脈スパイラル・モデルも完成型と申し上げるつもりはありません。

ただ、人脈という非常に曖昧模糊としたものを定義し、人脈構築法を実践できる方法に可視化する、ということにチャレンジしてみた、というのがこの本です。

私の強みは、ヘッドハンティングという仕事の現場に立っているため、常に経営のプロ人材のご相談にのっており、それ故、その人が活躍するようになった軌跡を解明していく中で、その方の人脈と活躍の相関関係を観察できるような現場を持っている、ということです。したがって、今後も、そうした事例での気づきも反映することによって、この人脈スパイラル・モデルも、バージョン・アップをしていくことができればと思っています。


この本の出版にあたっては、多くの方にお世話になりました。東洋経済新報社の齋藤宏軌氏から最初にお声掛けをいただき、企画を立て始めてから、2年ほどが経過してしまいましたが、その間本当に辛抱強くサポートしていただきました。

長年私の原稿作成に携わっていただき、いつもすばらしい文章に仕上げてくださるブリッジワークスの渡部睦史氏、安藤大介氏には、この本の制作においても多大なご協力をいただきました。お二人の力がなければ、この本は形になっていなかったのではないかと思っています。

また、長年一緒に働いていた齋藤糸子氏には、企画の段階からお手伝いいただき、出産直前の大変な時期にもかかわらず、最後までサポートしていただきました。夫の巳野聡央には、何度も何度も修正原稿を読んでもらい、多様な視点からアドバイスをもらいました。

このすべての皆さんに、この場をお借りして、心から御礼申し上げます。


この本を手にとってくださった皆さんが、「人脈スパイラル・モデル」という人脈構築方法を実践し、抜擢の機会に恵まれますように。活躍して成長し、実績が積み上がり、自分らしくいきいきと仕事を楽しめる人が増えますように。驚くようなチャンスが舞い込むようになり、自己実現につながる仕事に出会え、ワクワクと仕事ができる人が増えますように。

仕事は人生の大きな要素です。人脈構築法の実践によって、豊かな人生を送れる人が増えれば、本当に幸せに思う次第です。

２００８年11月　代官山のオフィスにて

岡島悦子

著者紹介

株式会社プロノバ 代表取締役社長．ヘッドハンター．ハーバード大学MBA．三菱商事，マッキンゼーを経て，2002年グロービス・グループの経営人材紹介会社，グロービス・マネジメント・バンク立ち上げに参画．2005年より代表取締役．2007年に「経営のプロ」創出のシンクタンクであるプロノバを設立，代表取締役就任．社名のプロノバは，プロの「場」の意味．

ベンチャー企業，再生中の企業等を中心に，年間約100名の「経営のプロ」人材の紹介実績を持つ．人・組織開発の領域において，経営者，VC・PEファンド等の株主から，ディスカッションパートナーとして絶大な信頼を寄せられ，経営チーム組成や次世代経営者育成アドバイス等，豊富な実績を保有．キャリア，リーダーシップに関する講演多数．

経営共創基盤にて，支援先の経営チーム組成支援や，同社の人材・組織開発のアドバイザーとしても活躍中．グロービス経営大学院客員教授（リーダーシップ領域担当）．

ダボス会議運営の世界経済フォーラムにより「Young Global Leaders 2007」に選出されるほか，総務省，内閣府委員等を歴任．『ビジネスプロフェッショナルの仕事力』（日本経済新聞出版社），『戦略コンサルタントに学ぶ3倍速仕事力』（PHP研究所）の監修を担当．

株式会社プロノバ　ホームページ
http://www.pronova.co.jp

著者ブログ 「ヘッドハンター 岡島悦子のインサイト」
http://blog.pronova.co.jp

抜擢《ばってき》される人の人脈力

2008年12月25日 第1刷発行
2016年8月18日 第7刷発行

著者 岡島《おかじま》悦子《えつこ》
発行者 山縣裕一郎
発行所 東洋経済新報社
〒103-8345
東京都中央区日本橋本石町1-2-1
電話 東洋経済コールセンター03(5605)7021
印刷・製本 東港出版印刷

Printed in Japan　ISBN 978-4-492-04328-8　http://toyokeizai.net/